# Organdy Embroidery

# オーガンジー刺繍

美しい花モチーフのアクセサリー

ACE　natsuki hirose

Contents

page.

## オーガンジー刺繍の基本 Lesson

- A How to make page.68

How to make page.68

# 蝶のブローチ

Chicory
Field Scabious

## - B

How to make
page.70

## 菫のピアス

Lorient.

# – C 桜のヘアピン

How to make
page.72

**- D** How to make page.74

ブライダルベールのイヤリング

**- E** How to make page.76

芥子の花のネックレス

- F How to make
page.78

# リーフとパールのイヤリング

- G How to make page.80

# ひまわりブローチ

- H How to make
page.81

# アネモネブローチ

# – I

How to make
page.82

## ミモザのつけ衿

# - J

How to make
page.84

## リーフのラウンドつけ衿

# K

How to make
page.88

## リリーのスパンコールイヤリング

# - L

How to make
page.86

## 露草のヘアコーム

# – M

How to make
page.89

## クリスマスローズのブローチ

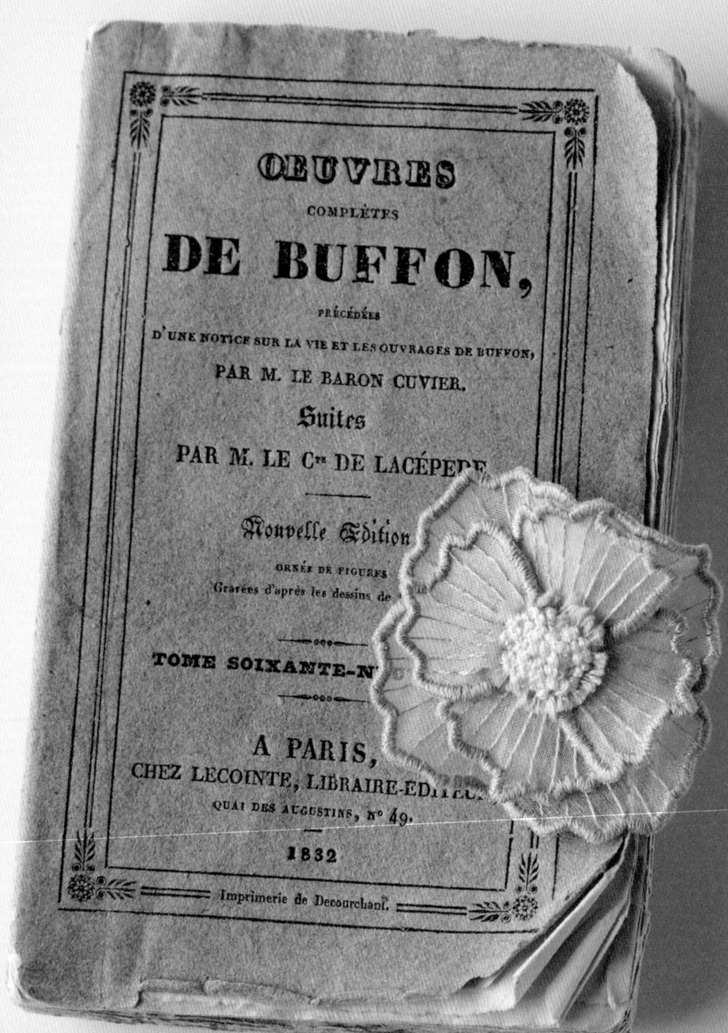

**– N** How to make page.90

# 勿忘草のブレスレット

# チューリップの片耳イヤリング

## - P

How to make
page.92

刺繍枠のタペストリー　ミモザ

## - Q

How to make
page.93

刺繍枠のタペストリー　紫陽花

# R 刺繍枠のタペストリー　クリスマス

How to make
page.94

# – S

How to make
page.95

## リーフのホワイトブレスレット

# オーガンジー刺繍の基本 Lesson

本書で紹介するのは、シルクオーガンジーに手刺繍をした、オーガンジー刺繍。
このオーガンジー刺繍のパーツを使って、アクセサリーに仕立てています。

仕上がりはとても軽く、やわらかくて繊細なのに、実は意外と丈夫。
上品な透け感のアクセサリーは、普段のおしゃれから特別な日にも身につけられます。

菫、ミモザ、桜、アネモネ、ひまわり、勿忘草、露草、チューリップ、
ブライダルベール、クリスマスローズ、芥子の花、リリー、リーフなどの植物と、
植物のまわりを飛びまわる蝶をモチーフにして、今回は制作しました。
ご自身で作られた華やかな花のアクセサリーを身につけて、
一日を彩っていただけたらと思います。

オーガンジーが繊細で、扱いが難しそうと思われるかもしれませんが、
張りがあって刺繍しやすく、作業中に布裏の針が見えるので、
想像しているよりも、きっと、手になじむことと思います。
また、このオーガンジー刺繍は刺繍枠を使わずに縫うなど
最小限の道具で作ることができます。

刺繍についても、ランニングステッチやサテンステッチ、
フレンチノットステッチやストレートステッチなど
できるだけ基本的なステッチで作れるデザインになっています。
この本のオーガンジー刺繍の特徴である、巻きかがりがきれいにできれば、
好みの形にアレンジしていくこともできるでしょう。

これまで行ってきたワークショップの経験から、
質問の多かった刺繍の仕方や作り方のポイントなどを
写真を使ってできるだけ詳しく説明しました。

まずは、基本Lessonを通して、オーガンジー刺繍の特徴と手法を
しっかりと掴んでいただけたらと思います。

About Good Points

# この本のオーガンジー刺繡の特徴

オーガンジー刺繡の魅力は、材料と手法、どちらにもあります。
材料による透け感のある軽やかさと、手法による美しさ・デザインの自由さ、
この両方が揃うことで、素敵なアクセサリーが生まれます。

## 1. 布と糸の軽やかさ

透け感のあるオーガンジーに刺繡するため、その軽さと繊細さがいちばんの特徴であり、魅力です。刺繡したパーツをアクセサリーに仕立てれば、身につけたときの心地よさがうれしく、大ぶりなデザインでも重さが気にならない軽やかさです。

## 2. 糸で埋め尽くさない透け感

せっかくオーガンジーに刺繡していますので、糸で埋め尽くしてしまわないよう、刺繡を施さない部分を残しています。透け感があることで、上品さや高級感が生まれます。

## 3. 好きな形のパーツを作れる

オーガンジー刺繡は、丸や三角などの市販のフープを使う方法やワイヤーなどを使い自分で輪郭の芯を作る方法などもあり、いずれも楽しく美しく仕上げることができますが、この本で紹介している作り方は、モチーフの輪郭部分も手刺繡ですので、好きな形を作ることができます。花や蝶などの曲線が多い図案も作ることができ、作品の幅が広がります。

## 4. 平面的にも立体的にも作れる

花1つを取ってみても、1枚のシートのように平面的に仕上げることも、花びらのパーツを複数作り、重ねて縫いつなぐことで立体感のある仕上がりにすることもできます。平面に絵を描くように刺繍する楽しみ、同じパーツをひたすら作ったあとに形作っていく楽しみ――仕上がりだけでなく、刺繍する時間の楽しみ方もそれぞれです。

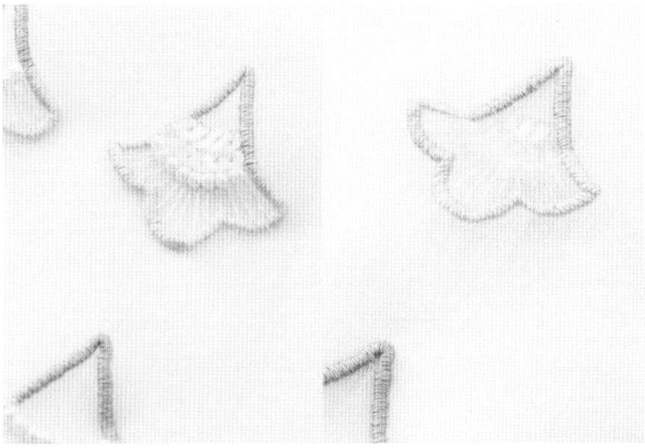

## 5. 2枚重ねで裏面もきれい

基本的にオーガンジーを2枚重ねにして使っています。モチーフの輪郭線である巻きかがりは表裏両面に糸が渡っていますが、輪郭の内側の糸はオーガンジー2枚の間を渡していますので、完成品の裏面は輪郭以外の糸が、ほぼ出ていない状態になります。ピアスやイヤリングなど、身につけたときに裏面が気になるアクセサリーにも適していますし、また、使用中に糸を引っかけてしまう心配もありません。

## 6. オーガンジーの色も作品の一部に

刺繍作品にとって、布は背景になりがちですが、オーガンジー刺繍の場合は、単なる背景としてではなく、オーガンジーと糸の両方でデザインが成り立ちます。色のついたオーガンジーを生かすことで、糸だけの色合わせとは違う、まとまりをもった作品が出来上がります。

# オーガンジー刺繡の材料について

この本で使用した基本の材料を紹介します。
刺繡部分に使用する材料は布と糸。そして、ビーズやスパンコールを少々。
アクセサリー用の材料が多く見えますが、1つの作品に使うものは多くはありません。

## 基本の材料

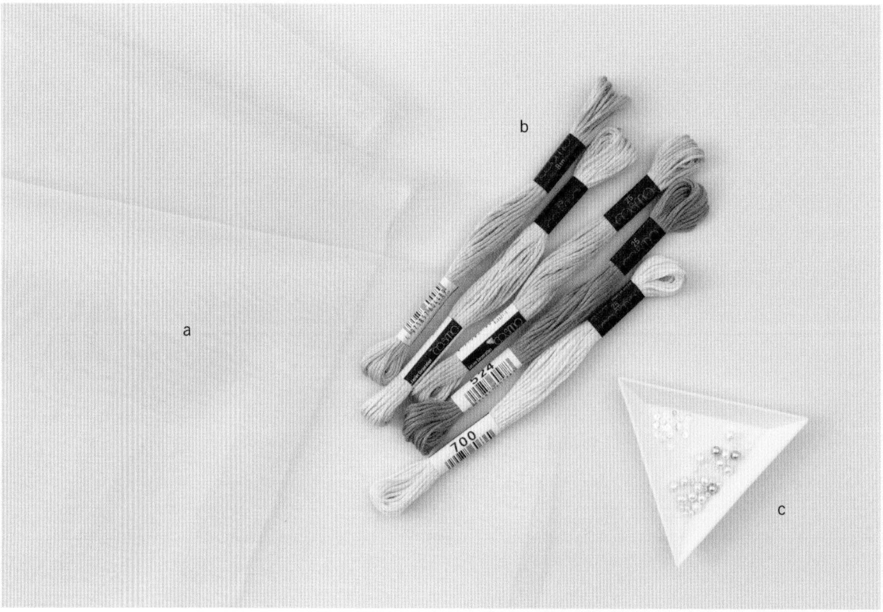


a オーガンジー
本書の作品は、すべてシルク100%のオーガンジーを使用。シルクオーガンジーは、肌触りや縫い心地がよいのが魅力で、ポリエステルなど他の素材にくらべて、白以外のカラーが淡くて繊細な色合いのため、大人のアクセサリーにおすすめ。しわになったら、アイロン（ドライ・低温）をかけてもOK。手芸店等で購入できる。

b 25番刺繡糸
綿100%の刺繡糸。糸6本が撚ってあるので、必要な本数を引き揃えて使う。この本の作品は、すべてCOSMO25番刺繡糸を使用。

c ビーズ、スパンコール
刺繡したパーツに縫いつけて、華やかさやきらめきをプラスする。掲載作品には、丸小ビーズやパールビーズ、亀甲のスパンコールなどを使用。

## アクセサリーに仕立てるための材料

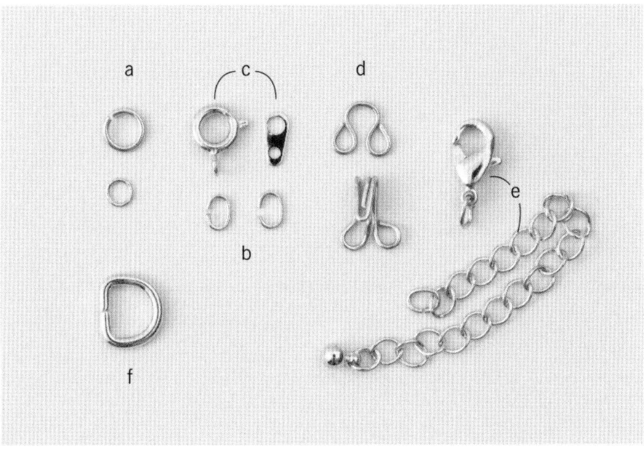


### 基礎金具

a 丸カン
b Cカン
c ヒキワ・板ダルマセット
d スプリングホック
e カニカン・アジャスターセット
f Dカン

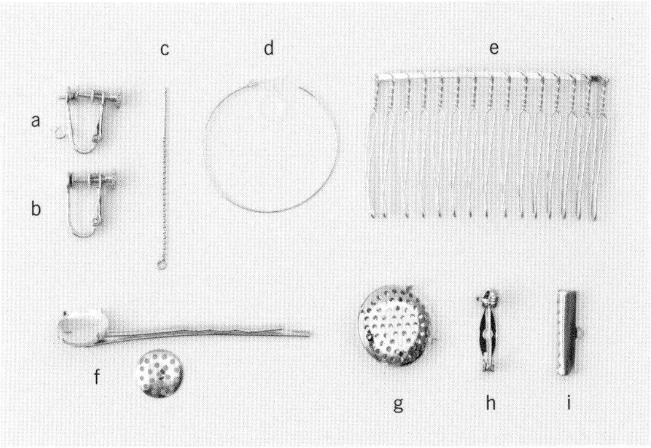


### アクセサリー金具

a イヤリング金具
（ネジバネ・芯立カン付き）
b イヤリング金具
（ネジバネ丸皿）
c アメリカンピアス・
ボールチェーン
d ノンホールピアス樹脂フープ
e ヘアコーム金具
（15山）
f シャワーヘアピン
g シャワーブローチ
h ブローチピン
i リボン留め金具

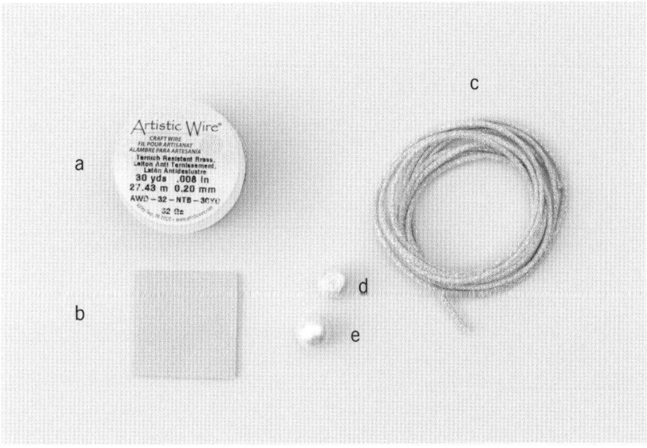


### その他

a アーティスティックワイヤー
b 合皮（薄手）
c メタリックコード
d コットンパール（片穴）
e コットンパール丸玉（両穴）

About
Tolls

# オーガンジー刺繍の道具について

この本で使用した基本の道具を紹介します。
いちばんの特徴は、裁縫用の縫い針を使って刺繍すること。
その他、ステッチによって刺繍針を、ビーズを縫いつけるときはビーズ針を使います。

## 基本の道具

a 裁ちばさみ　オーガンジーを粗裁ちする際に使う。

b 縫い針　裁縫用の縫い針。オーガンジーにあける穴を最小限にするため、刺繍針よりも細い縫い針を使い、基本的に1本どりで刺繍する。「三ノ四」の針が使いやすい。

c 刺繍針　6号のフランス刺繍針。この本の作品ではフレンチノットステッチやバリオンステッチなど3本どり以上でステッチをする際にのみ使用。

d ビーズ用針　ビーズを縫いつけるときは、小さなビーズの穴に通る、細い専用針を使う。フランス刺繍針の9号も使用できる。

e 糸切りばさみ　刺繍糸を切るのはもちろん、この本では刺繍したモチーフのオーガンジーを切るときにも使う。刺繍パーツはとても小さいので、裁ちばさみとは別に、細かい部分もよく切れるはさみがあるとよい。

f 糸通し　刺繍糸を針穴に通すために、あると便利。

g まち針　つけ衿など少し面積の広い作品では、刺繍するときに2枚重ねのオーガンジーがずれないように留めておく。

h シャープペンシル　オーガンジーに図案を書き写す際に使う。0.3mmの硬めのものがおすすめ。

i ほつれ止め液　モチーフの輪郭になっている巻きかがりの部分に塗り、オーガンジーから切り離してもほつれないようにする。筆ペンタイプがおすすめ。

j 厚紙　刺繍する際に、オーガンジーの下に敷いて作業をする。

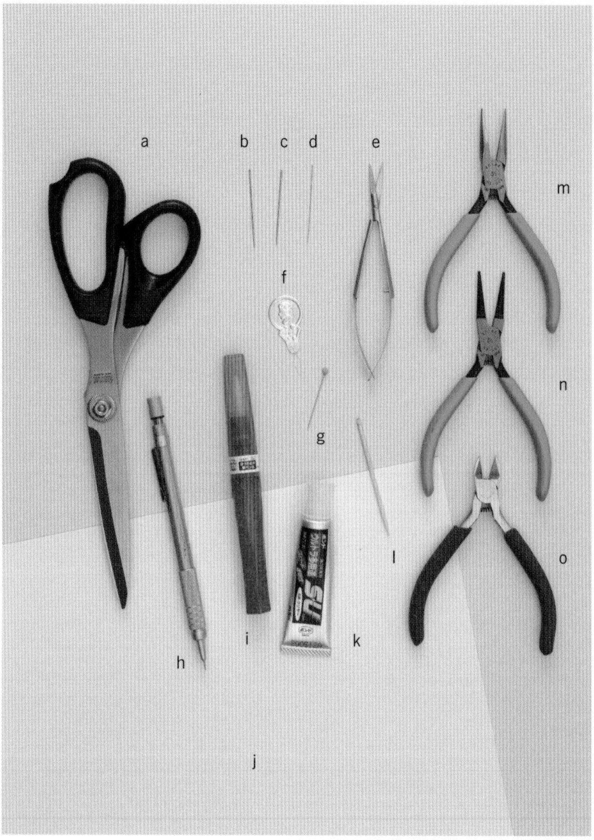


## アクセサリーに仕立てるための道具

k 多用途接着剤　アクセサリー金具と刺繍パーツやコットンパールなどを接着する。

l つまようじ　刺繍パーツに丸カンやCカンを通すための穴をあける。

m 平やっとこ　先端が平たい。2本でカン類の開閉に使う。

n 丸やっとこ　先端が丸い。平やっとこが2本なければ、丸やっとこを使用しても可。

o ニッパー　ワイヤーをカットする。

Before
Starting
Embroidery

# オーガンジー刺繍を始める前に

刺繍をきれいに、そしてスムーズに刺し進めるためのポイントです。
一般的な方法と少し違いますので、こんな方法もあるのか、と参考にしていただきながらご自身の作業しやすい方法を見つけてください。

## I. 刺繍糸の長さは短めの30〜32㎝程度に

６本の糸が撚り合わさった刺繍糸を、かせから引き抜いて適当な長さでカットし、そこから使用する本数を引き揃える——というのが通常の準備かと思いますが、束の状態で最初に半分にカットする方法もおすすめです。こうすると、糸の長さは30〜32㎝程。小さなモチーフが多いので、あまり長すぎないほうが作業しやすく、また糸を引き揃える際も絡まりません。

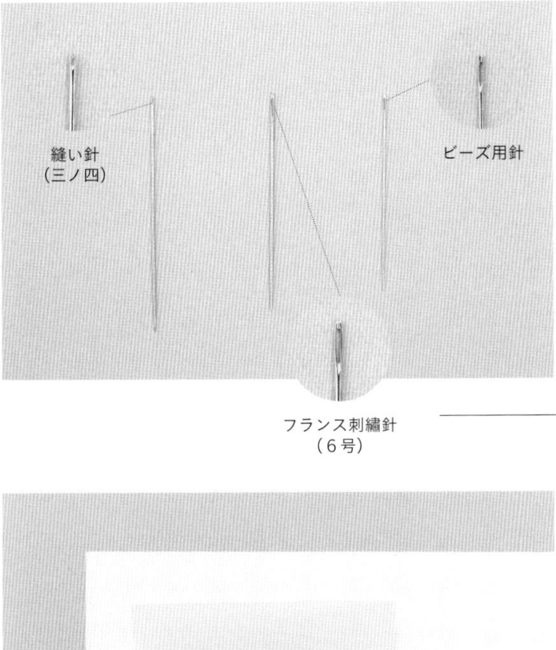


## 2. 針は縫い針をメインに使う

オーガンジーに何度も針を通すため、刺繍針よりも細い、裁縫用の縫い針を使うことで、オーガンジーへの負荷がかかりにくくなり、穴も目立ちません。縫い針は糸を通す穴が小さいので、フレンチノットステッチやバリオンステッチなど、糸を３本以上使うときは刺繍針を使います。

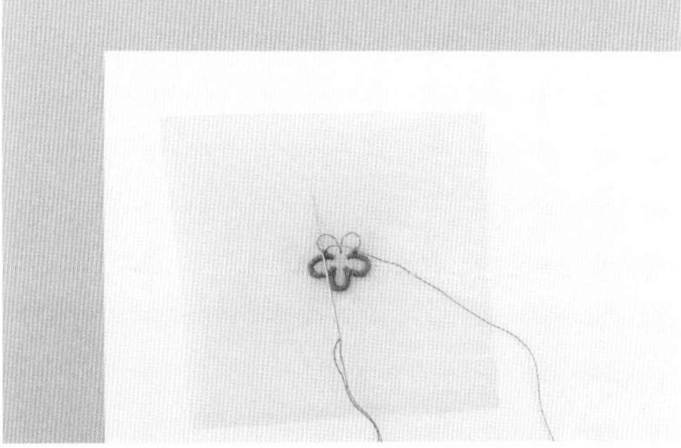

## 3. 厚紙を下敷きにする

刺繍枠を使うとオーガンジーが傷む可能性があるため、使用しません。その代わりに、厚紙をオーガンジーの下に置いて作業するのがおすすめです。下書きが見えやすく、また、針を使う際に布を浮かせず、厚紙に置きながら縫うことで、厚紙がクッションがわりになって針を動かしやすいという利点も。そのため、作品の輪郭となる巻きかがりの幅を揃えやすくなります。オーガンジーを汚すこともありません。

Basic Lesson

# オーガンジー刺繍の基本

p25の勿忘草のブレスレットを例に、オーガンジー刺繍のモチーフの作り方を解説します。
掲載作品の多くに使われている「巻きかがり」の仕方を覚えると、
さまざまなモチーフを作ることができ、作品づくりの幅が広がります。

**●用意するもの**
シャープペンシル
縫い針
糸切りばさみ
ほつれ止め液
厚紙

**●材料**
オーガンジー（白）
刺繍糸（COSMO25番）

図案を写す

仮縫いする

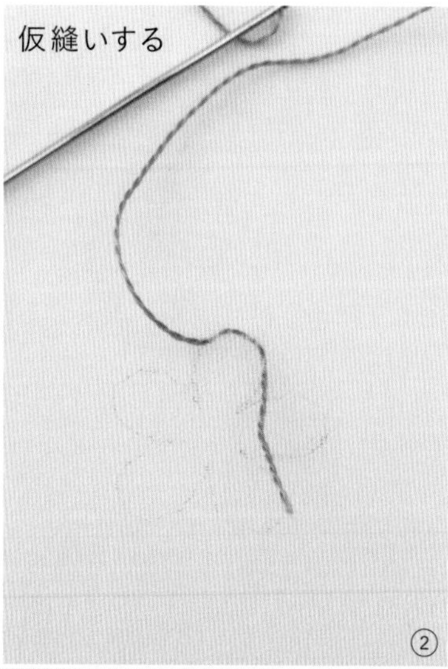

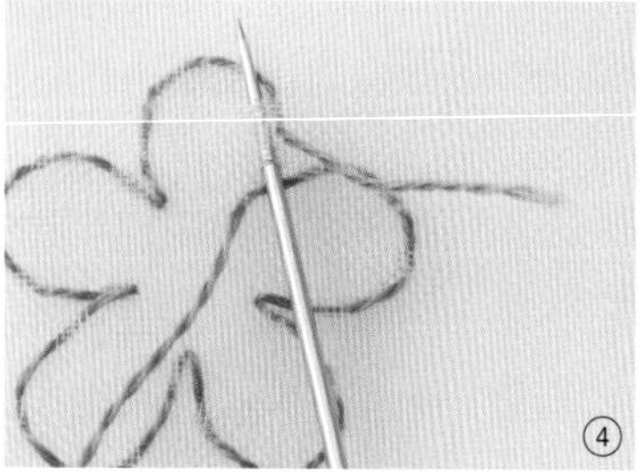


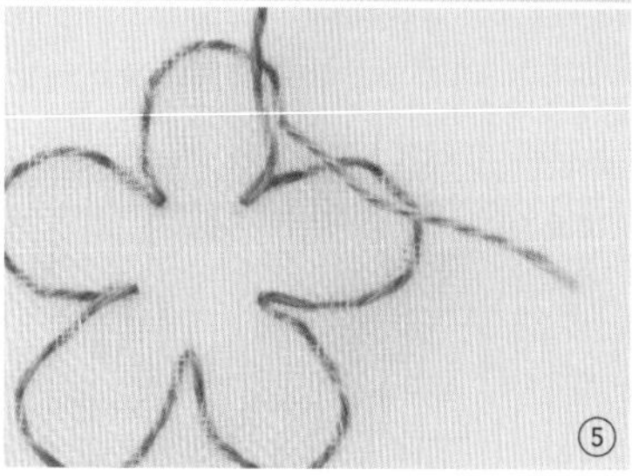


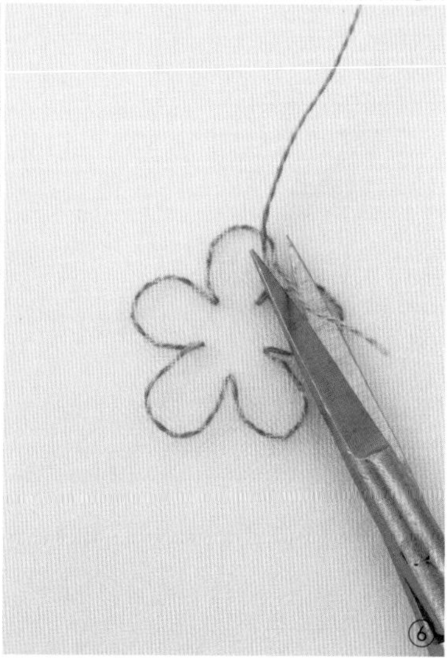


①オーガンジーに図案をシャープペンシルで書き写します。芯先を引きずらず、少しずつ点をつけるような感覚で書き写すのがコツです。②③オーガンジーを２枚重ねにして、刺繍糸（１本どり）で図案線を仮縫いします。数cm糸端を残し、ランニングステッチをします（仮縫いでは玉留めはしません）。④⑤最初に針を入れた内側に並べるようにして最後の針を刺します。⑥仮縫いを終えたら、最初に残した糸端を切ります。

## 巻きかがりをする

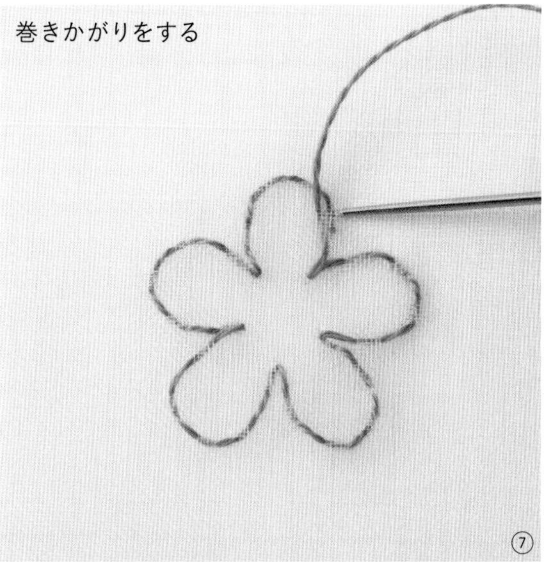

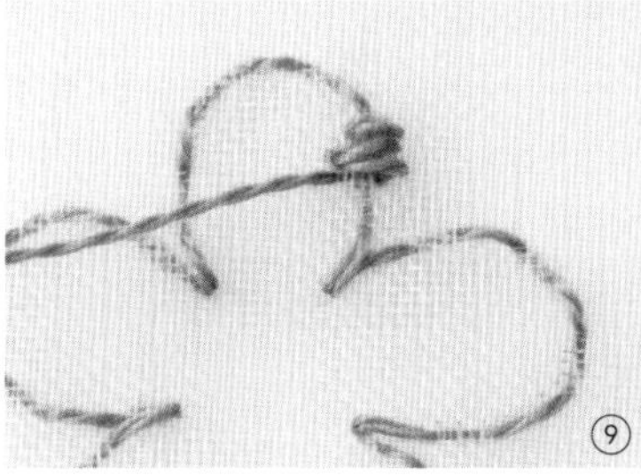


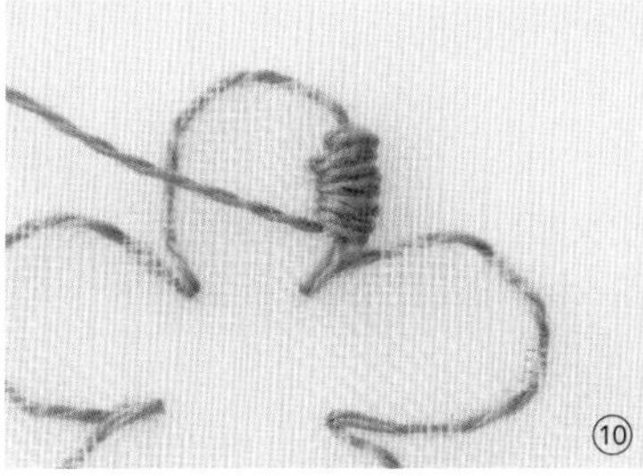


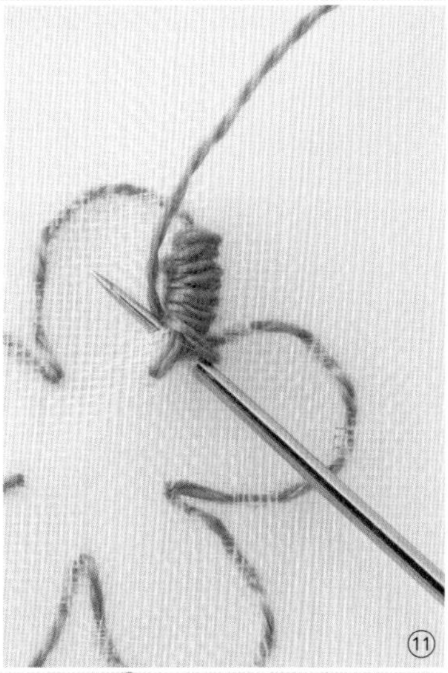


⑦〜⑩仮縫いを終えたら、そのままの糸で仮縫いの糸を覆うように巻きかがりをしていきます。仮縫いを中心線として、２㎜幅になるように縫うと綺麗に縫えます（糸が足りなくなって替えるとき、巻きかがりの部分に針を通して糸処理をするので、巻きかがりの幅は、最小でも針が入る幅にしましょう）。
⑪〜⑬花びらの付け根部分は、隣の花びらの仮縫いも抱き込むようにして内側まで進みます。

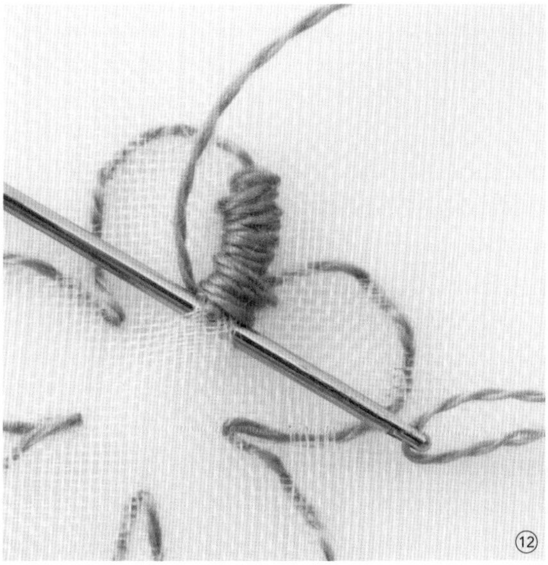

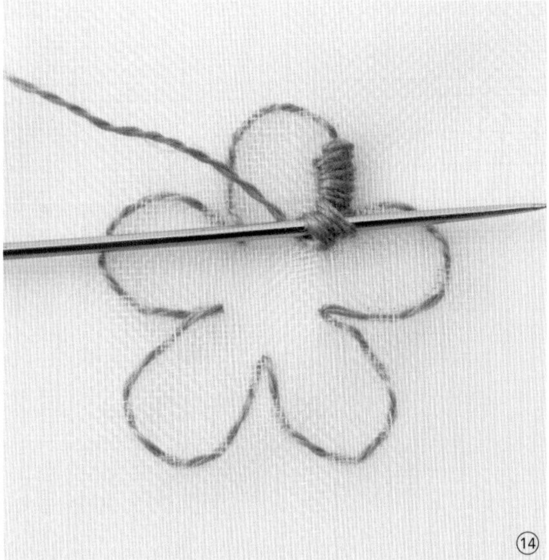

⑭

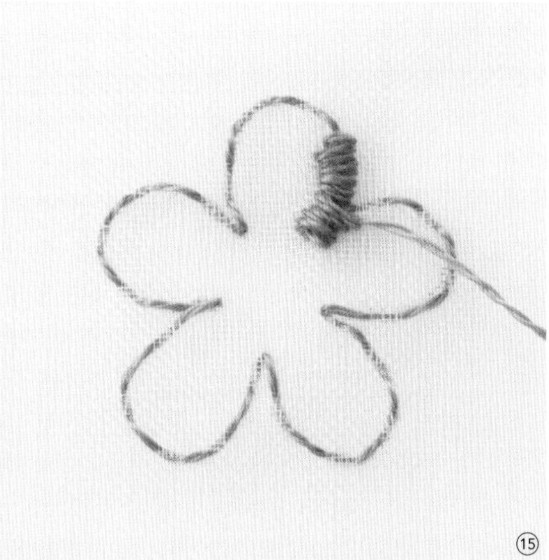

⑮

〈 糸が短くなったら 〉

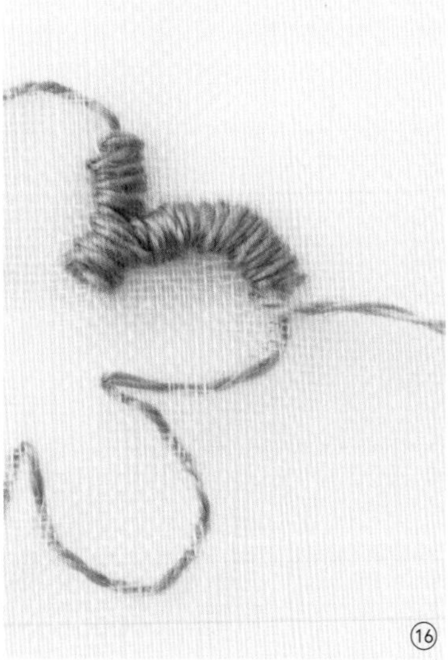

⑯

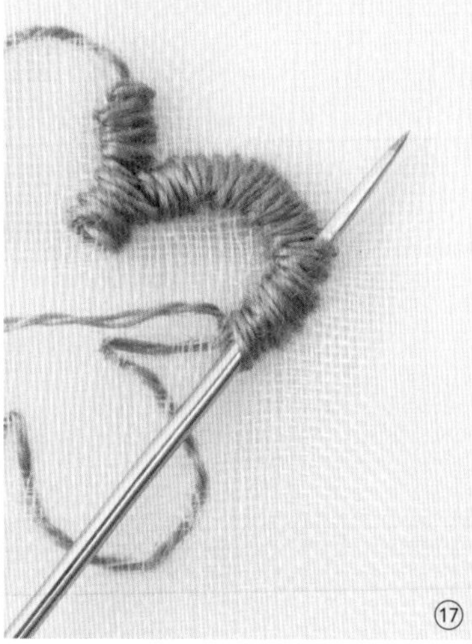

⑰

⑱

⑭花びらの内側まで進んだら、巻きかがりの部分に針を通して、次の花びらの仮縫いまで戻ります。⑮⑯そこからまた２㎜幅になるように巻きかがりを進めます。⑰⑱糸が短くなってきたら、巻きかがりの部分に針を通して糸をくぐらせ、糸端を切ります。⑲新しい糸（玉留めはしない）を通した針を、仮縫いで隠れる位置から刺して、巻きかがりの続きの箇所から出し、続きを縫い進めていきます。

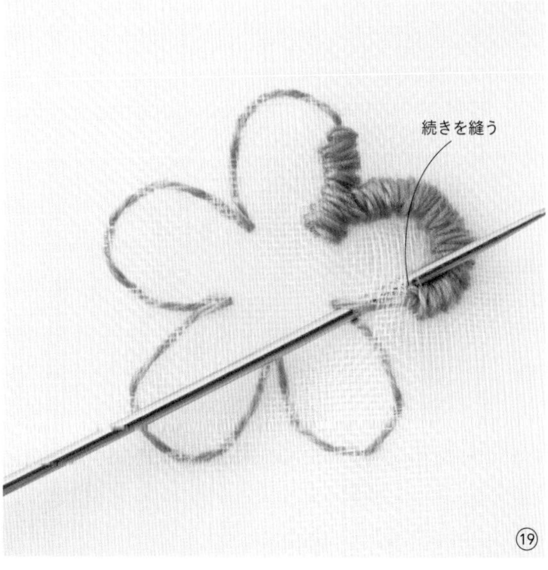


⑲

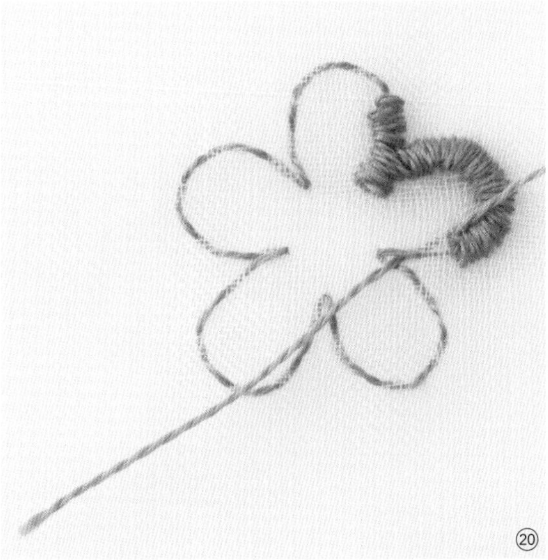

⑳

㉑

⑳〜㉓その際、糸端を残して縫いはじめ、少し巻きかがりを進めたところで（糸は抜けなくなりますので）、余分を切りましょう。
㉔㉕仮縫いの最後まで進み、最後に巻きかがりの中に糸を通して糸端を切ります。巻きかがりの完成です。

㉒

㉓

㉔

㉕

## モチーフの内側に刺繍をする

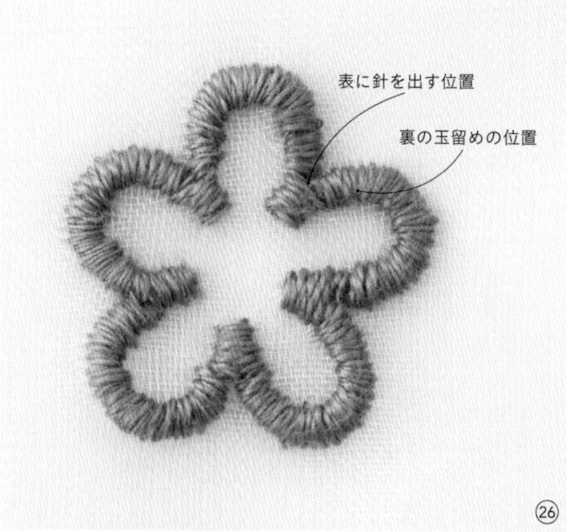


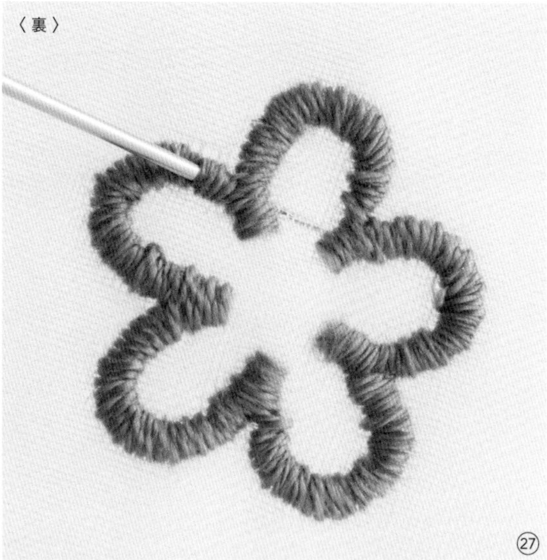

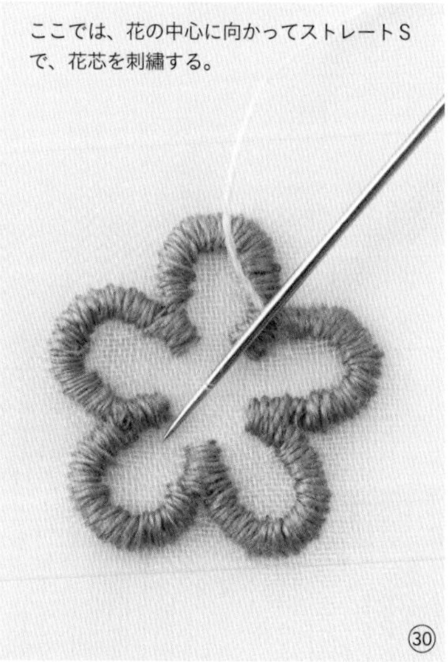


㉖〜㉙花びらの内側に1本どりで刺繍します。内側にステッチを施す際は、刺繍糸の端は玉留めをし、モチーフの裏面から、巻きかがりの部分に少し通して、ステッチのはじめの位置（表面）に針を出します。糸を軽く引き、玉留めは巻きかがりの中に隠します。㉚〜㉝モチーフの内側のステッチは、２枚重ねになっているオーガンジーの上1枚をすくい、オーガンジーの間に糸を渡して、刺繍を進めます。オーガンジーの裏面に糸が渡らないようにすることで、仕上がりが綺麗になります。

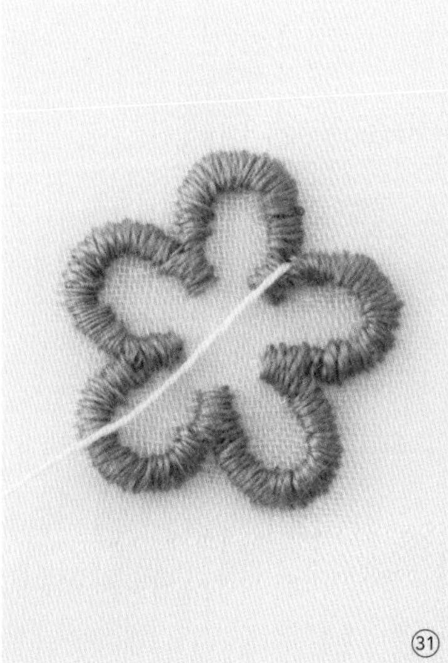


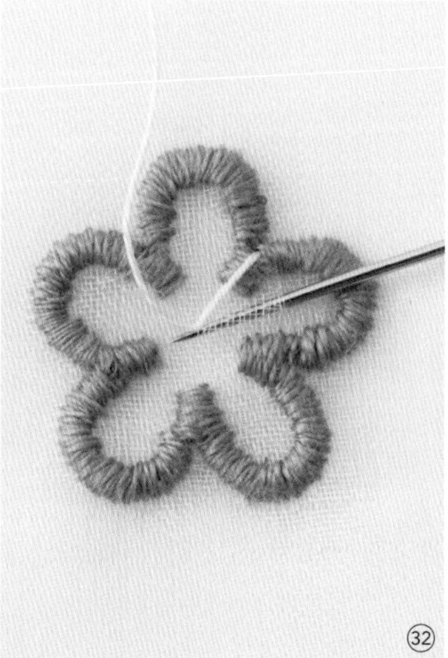


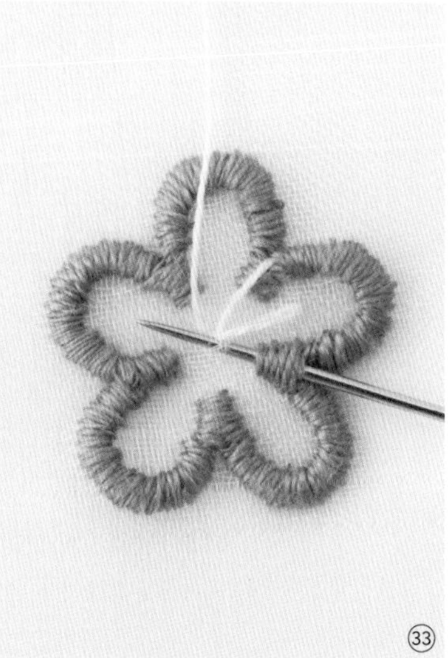

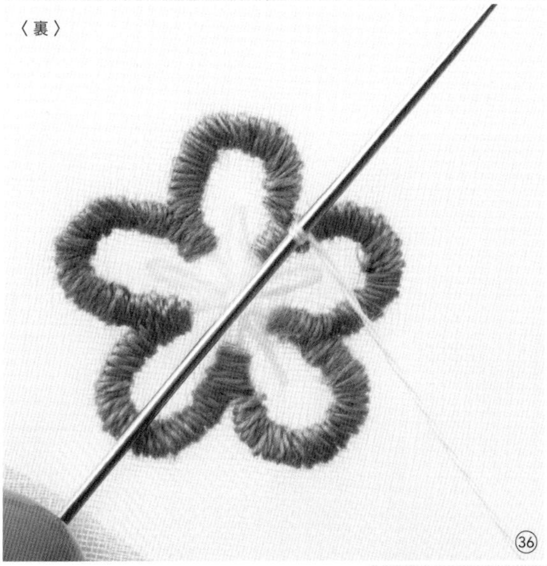


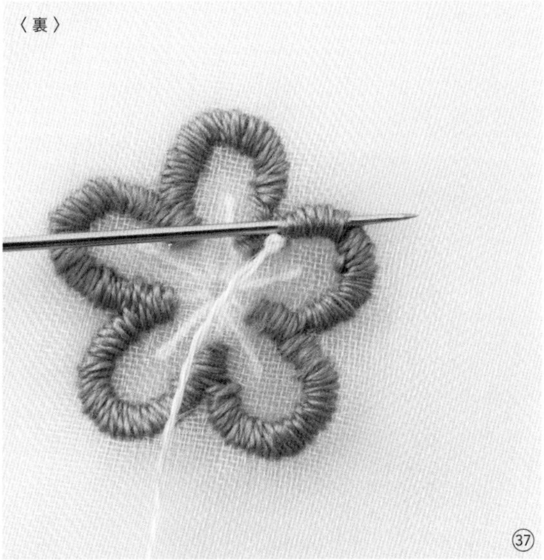

㉞〜㊱縫い終わりは、表から裏の巻きかがり部分に針を出して玉留めをします。㊲〜㊴その玉留めを巻きかがりに通して隠し、糸を切ります。

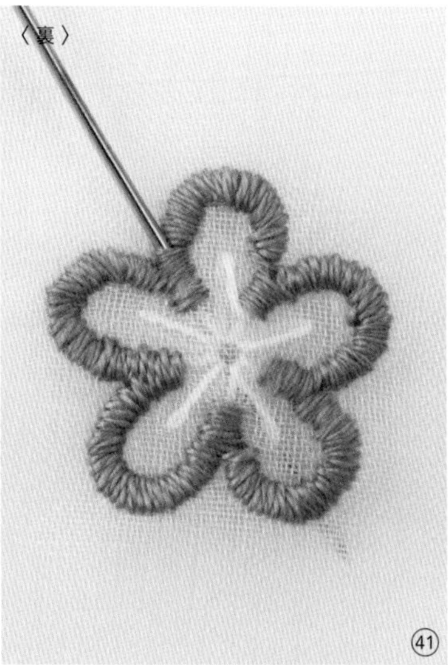

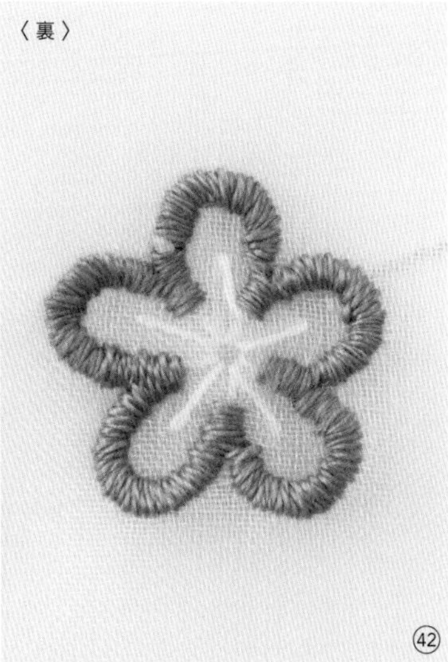

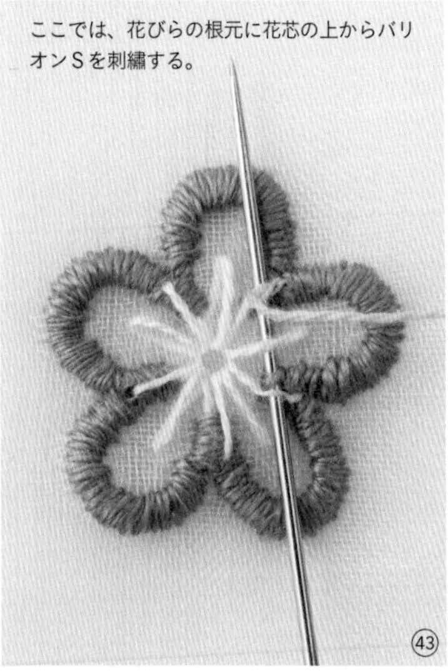

ここでは、花びらの根元に花芯の上からバリオンSを刺繍する。
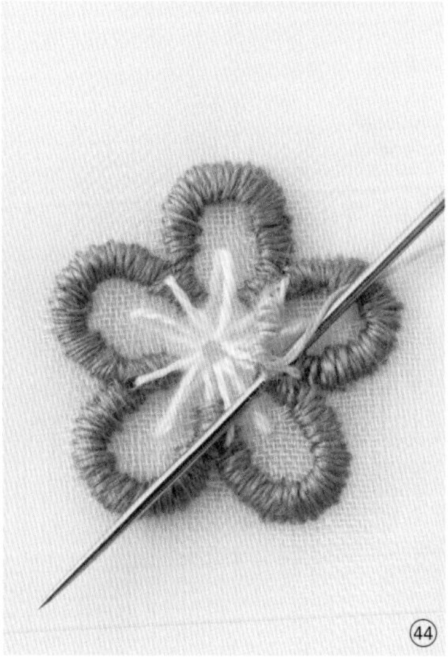

㊵〜㊷次のステッチも同様に、モチーフの裏面から、巻きかがりした部分に少し通して、ステッチのはじめの位置（表面）に針を出します。糸を軽く引き、玉留めは巻きかがりの中に隠します。㊸〜㊻バリオンステッチを一箇所刺したら、花びらの根元の巻きがかりの部分を少しだけすくい、２つ目を刺します。すべて刺し終えたら、表から裏の巻きかがりの部分に針を出します。

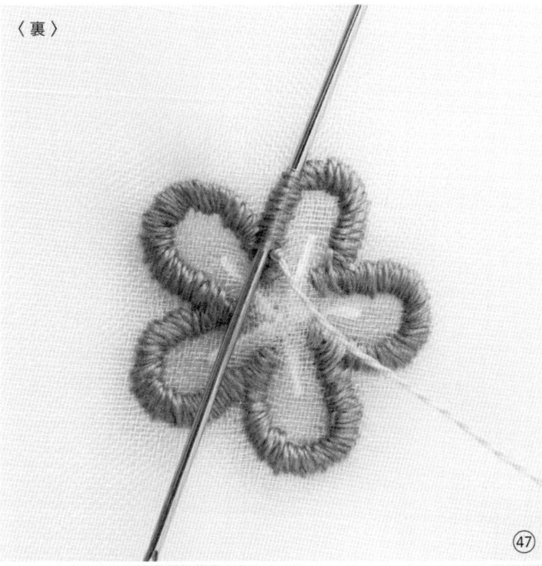


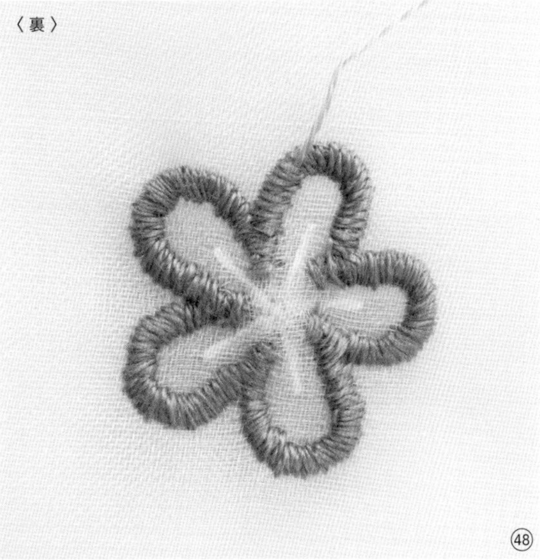


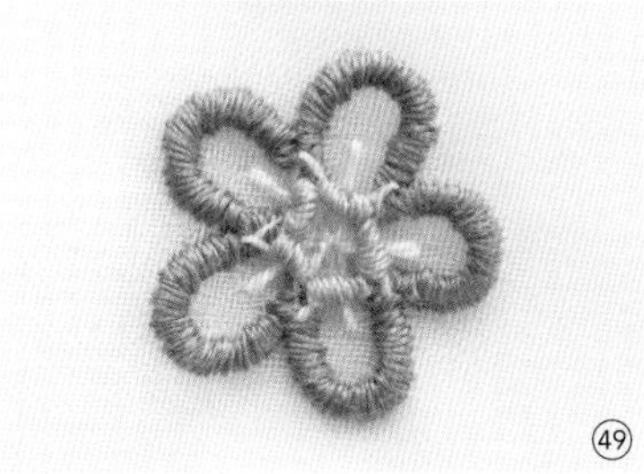


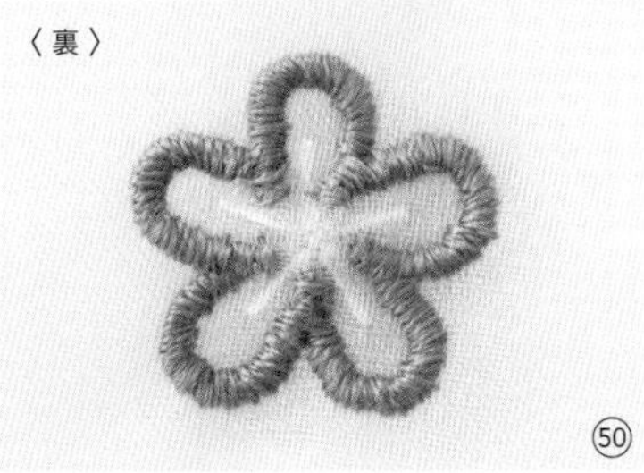


アイロンをかけ、
ほつれ止め液を塗る

㊼〜㊿玉留めをしたら、巻きかがりに通して隠し、糸を切ります。(51)刺繍をすべて終えたら、裏から低温のドライでモチーフにアイロンをかけ、熱が取れたら、巻きかがりの部分に表からほつれ止め液を塗ります。(52)(53)ほつれ止め液が乾いたら、糸切りばさみでオーガンジーを巻きかがりの際で切り、モチーフの完成です。

モチーフを切り出す

モチーフの完成

## 花びらを縫いつなぐときは

花の中心と、花びらが接するところを縫い留める

①

〈 裏 〉

②

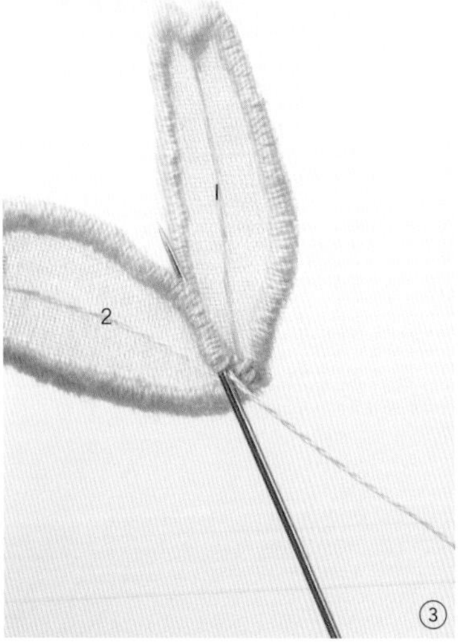

③

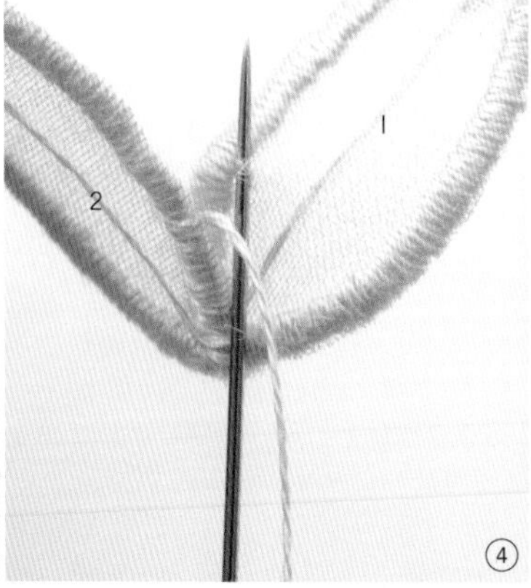

④

⑤

①②裏から針を入れ、巻きがかりの部分に玉留めが隠れるようにします。I枚目と2枚目の花びらを、2回ほど縫ってつなげます。③2枚目の巻きかがりの中に針を通して、I枚目の花びらと重なる位置ぎりぎりに出します。④ I枚目の花びらのオーガンジーをほんの少しひろいます。⑤2枚目の巻きかがりの中に針を通して、中心まで戻ります。⑥I枚目と2枚目がつながったところ。⑦ 3枚目の花びらを重ねて、また2回ほど縫って中心をつなげ、表に針を出します。

⑥

⑦

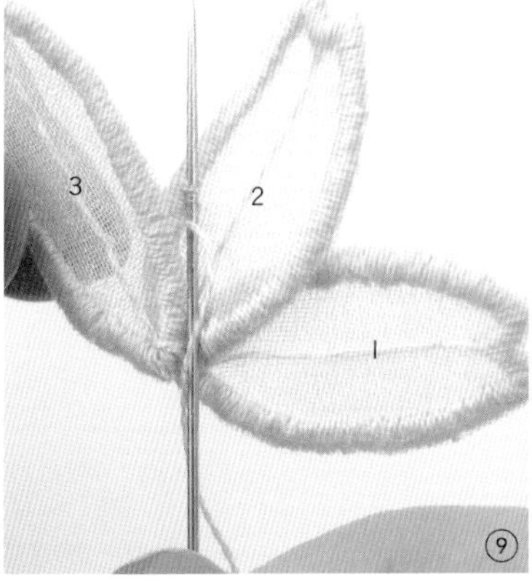

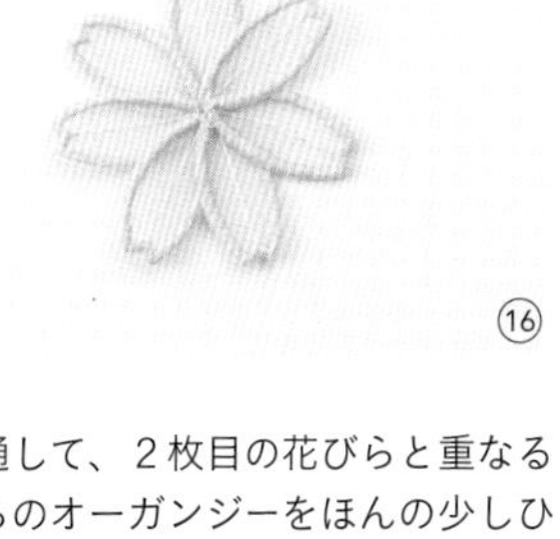


⑧３枚目の花びらの巻きかがりの中に針を通して、２枚目の花びらと重なる位置ぎりぎりに出します。⑨２枚目の花びらのオーガンジーをほんの少しひろいます。⑩３枚目の花びらの巻きかがりの中に針を通して、中心まで戻ります。⑪繰り返して一周します。⑫最後の花びらの巻きかがりの中に針を通して、最初の花びらと重なる位置ぎりぎりに出します。⑬最初の花びらのオーガンジーをほんの少しひろいます。⑭最後の花びらの巻きかがりの中に針を通して、中心まで戻る。⑮中心で表から裏に針を出し、玉留めをし、巻きがかりに通して隠し、糸を切ります。

Basic Stitches

# 基本のステッチ

この本で使われているステッチの基本的な縫い方を紹介します。
オーガンジー刺繡のモチーフの輪郭に使っている３種類の巻きかがりと
モチーフの内側を刺繡する各種のステッチです。

## 〈 巻きかがり**I**（２㎜幅）〉

1本どり
玉留めなし

モチーフの輪郭を刺繡するために、よく使われるステッチです。２㎜幅はアクセサリーパーツになる小さなモチーフを形づくる際に、とても役立ちます。最初は難しいかもしれませんが、まずは直線で練習してみるとよいでしょう。

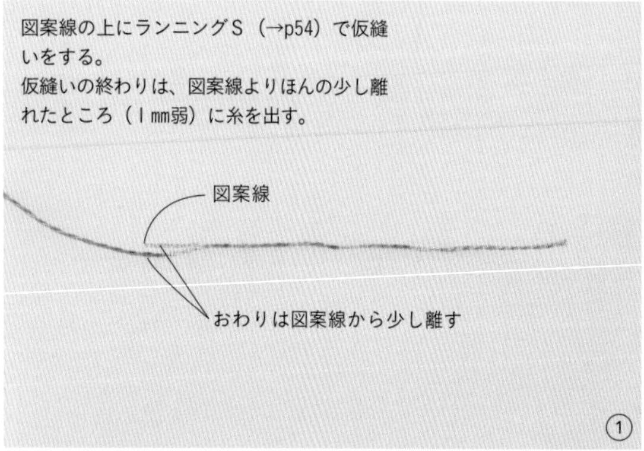

図案線の上にランニングＳ（→p54）で仮縫いをする。
仮縫いの終わりは、図案線よりほんの少し離れたところ（1㎜弱）に糸を出す。

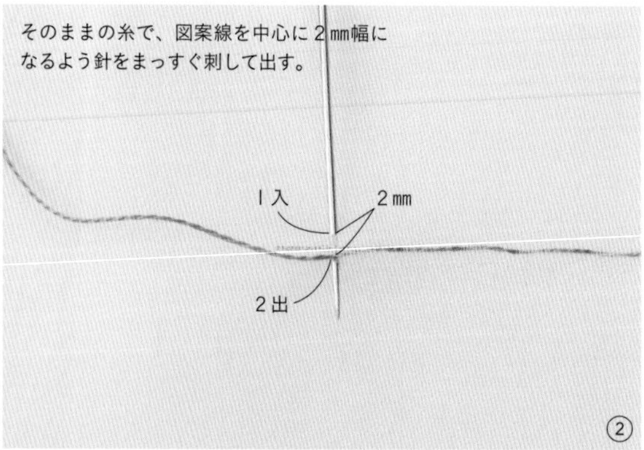

そのままの糸で、図案線を中心に２㎜幅になるよう針をまっすぐ刺して出す。

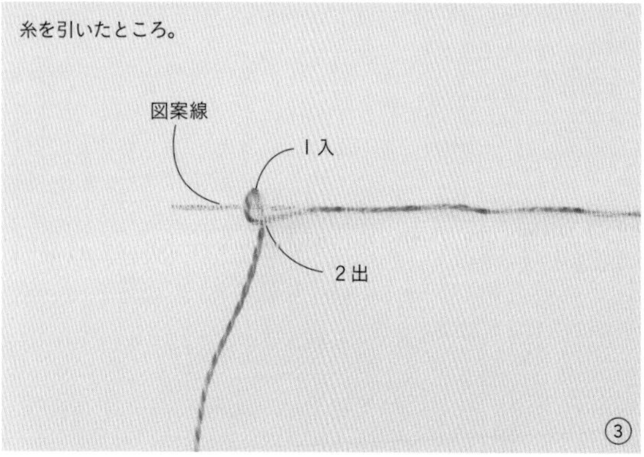

糸を引いたところ。

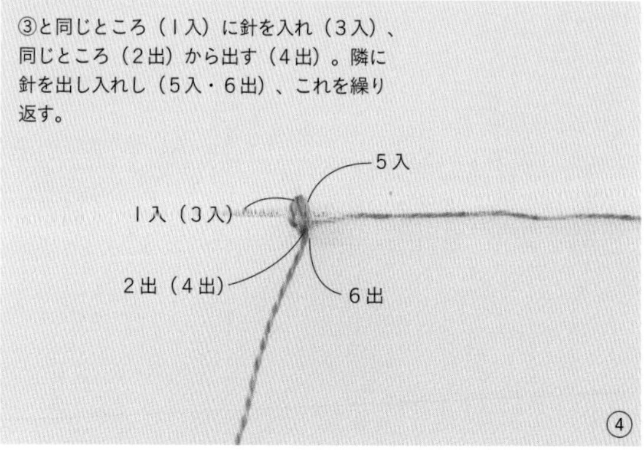

③と同じところ（1入）に針を入れ（3入）、同じところ（2出）から出す（4出）。隣に針を出し入れし（5入・6出）、これを繰り返す。

仮縫いを中心にして2㎜幅で縫い進める。

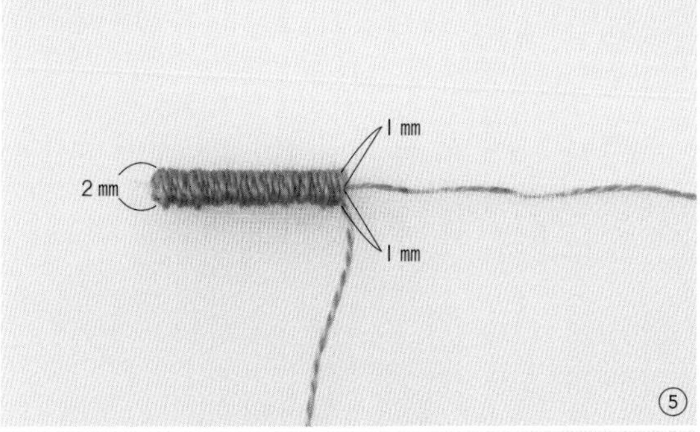


端まで縫いおわったら、最初の糸端を切る。
巻きかがりで縫い留められているのでそのまま切ってもほどけない。

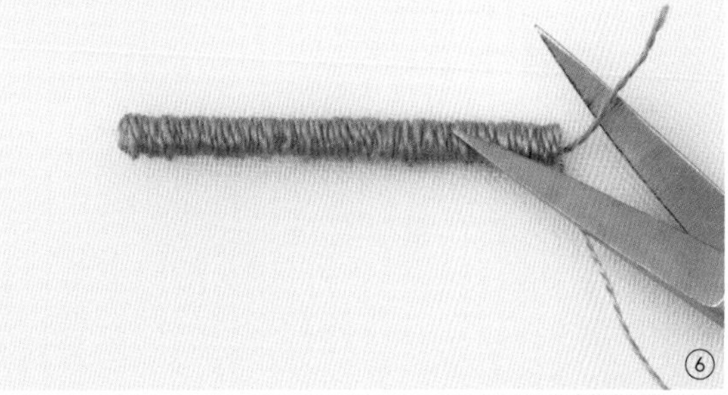


巻きかがりの中に、針を通して出す。

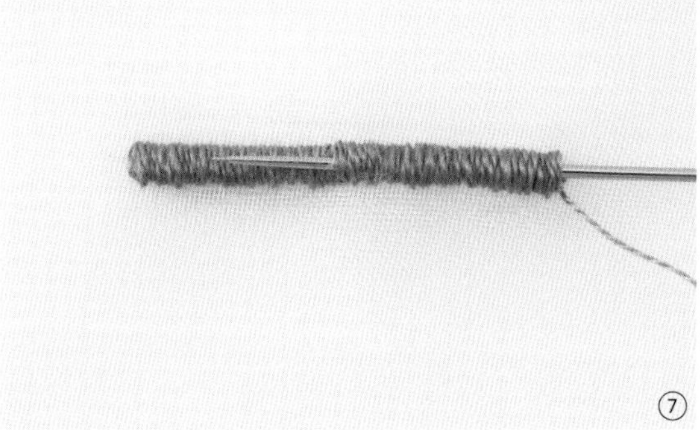


糸端を切る。

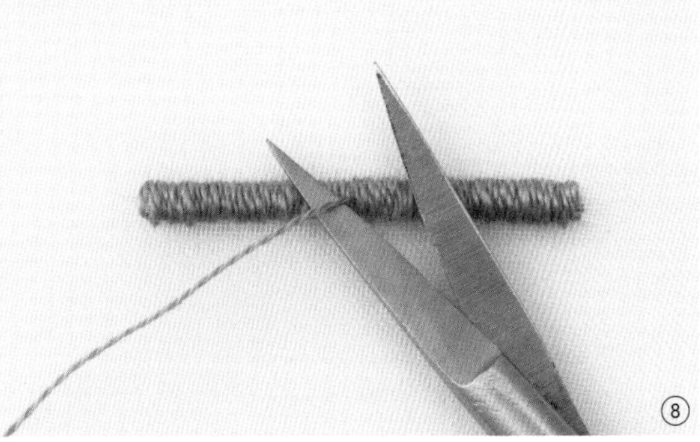


## 〈 巻きかがり II（5㎜幅）〉

1本どり
玉留めなし

幅広の巻きかがりは、つけ衿の輪郭に使っています。幅を均一に刺繡するためにも、最初の仮縫いをきちんと図案線通りに縫うことが大切です。糸を引き過ぎず、ゆるめ過ぎず、同じ力加減で縫い進めましょう。

図案線の上にランニングS（→p54）で仮縫いをする。この仮縫いの幅が仕上がりの幅となる。

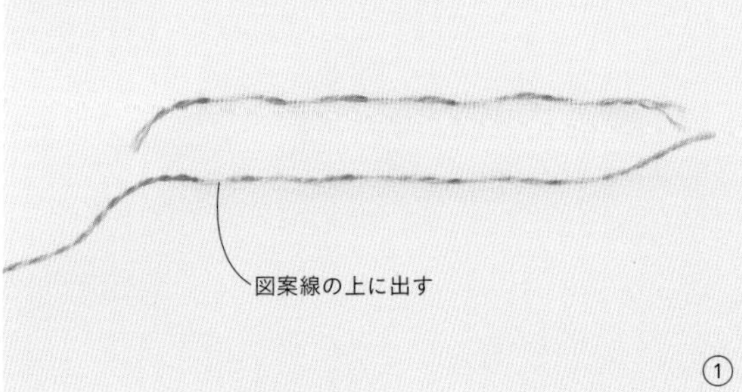


そのままの糸で仮縫いの糸の上に入れ、下に出す。

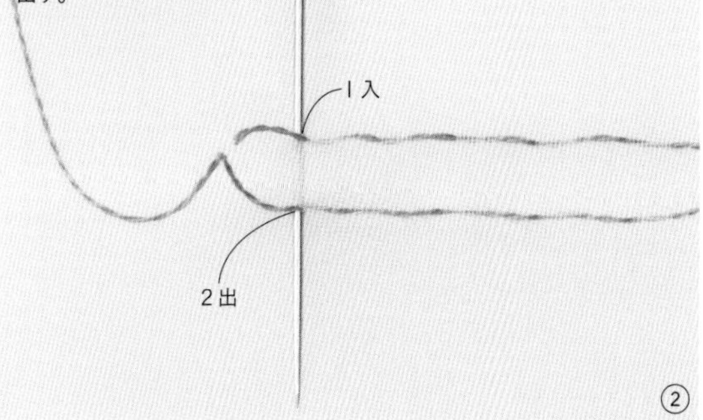

②と同じところ（1入）に針を入れ（3入）、同じところ（2出）から出す（4出）。

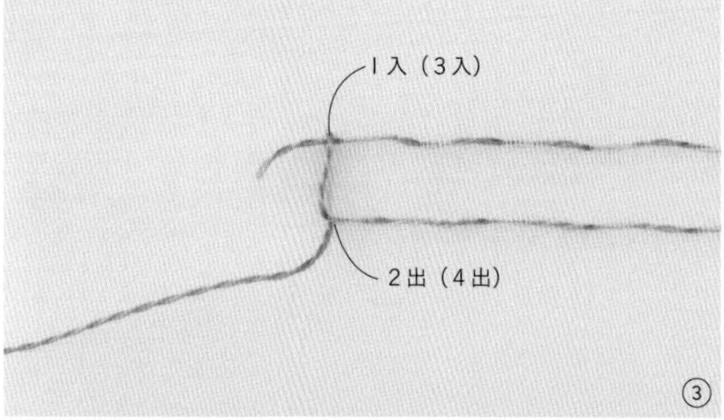


③の糸の隣に針を入れて出す。これを繰り返す。

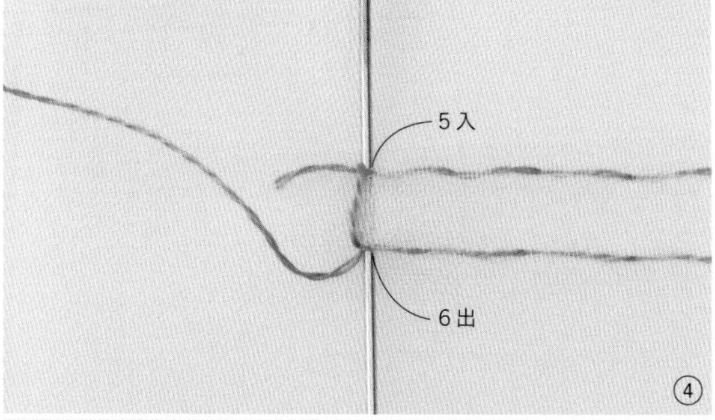


## 糸を替えるときは

巻きかがりの中に、針を通す。このとき、オーガンジーをなみ縫いしながら針を通すと、糸が絡まってほどけなくなる。

糸端を切る。

新しい糸は、巻きかがりに隠れる位置で2針ほど縫い、前の巻きかがりにぴったり沿う位置で針を出す。

巻きかがりを進めることで糸端が縫い留められる。

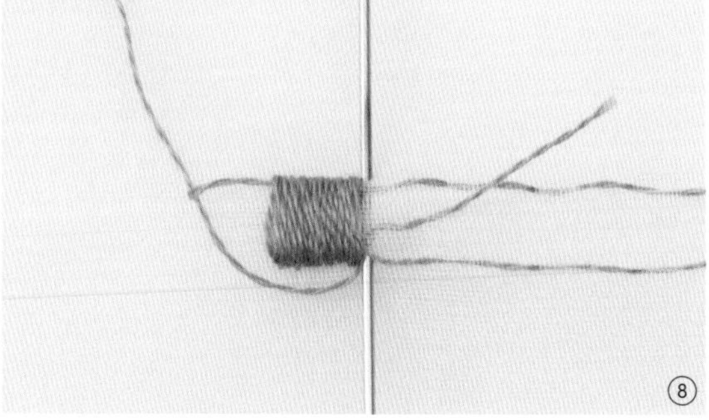


1cmほど進んだら、新しい糸の糸端を切る。最初の糸端も、ある程度巻きかがりが進んだら切ってよい。

## 〈 巻きかがり III（円形）〉

つけ衿の縁、ブレスレットの縁に使っています。このステッチが施されることで、まるでレースのような仕上がりになります。綺麗なドーナツ状になるように、糸と糸の間隔を意識して丁寧に進めてください。

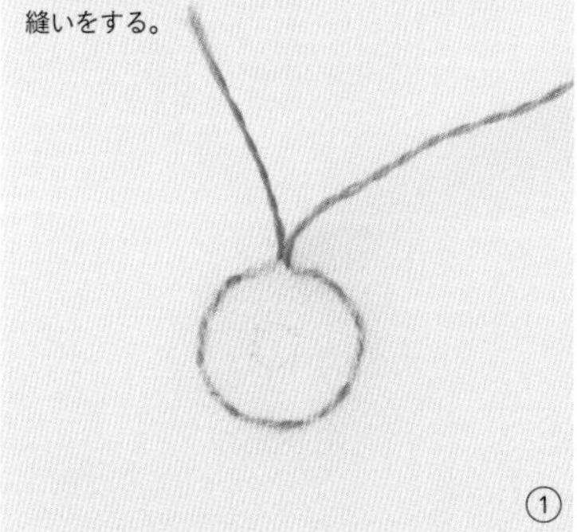


図案線の外円をランニングS（→p54）で仮縫いをする。

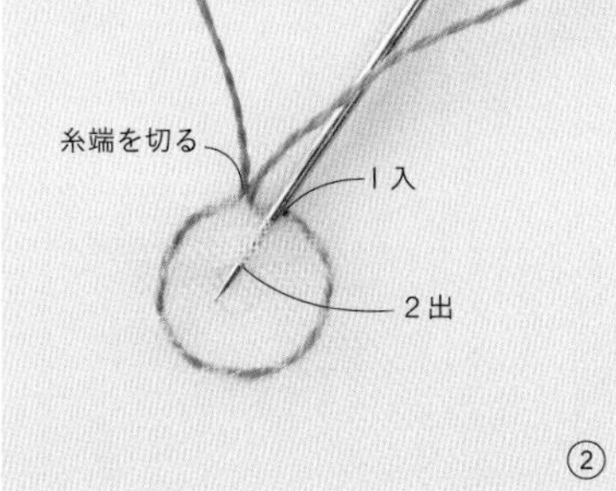


仮縫いのおわりから刺繍糸1本分隣の位置で仮縫いの内側に針を入れ、内円の図案線から出す。

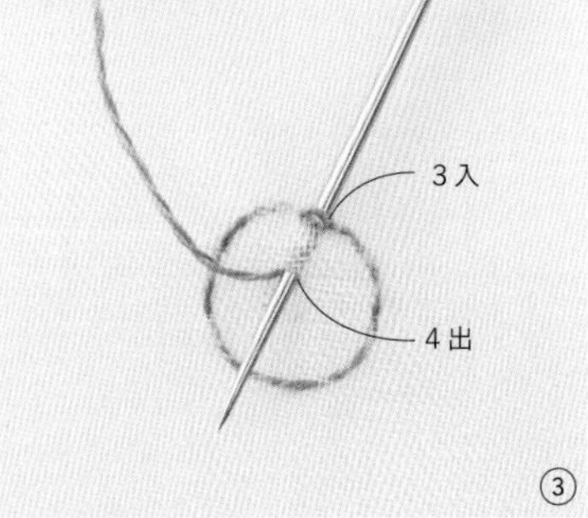


②の糸を覆うようにして、針を入れ、内円の図案線から出す。

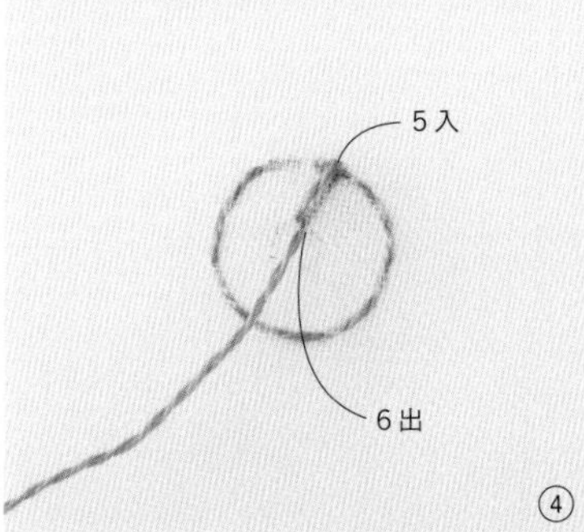


③の糸の隣に針を入れて出す。

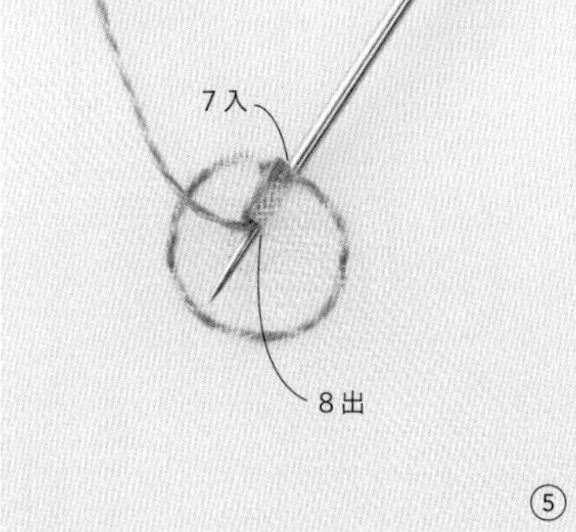


④の糸の隣に針を入れて出す。

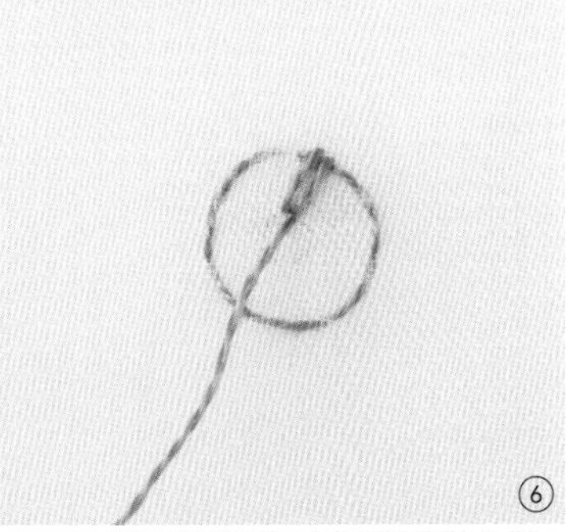


糸を引いたところ。

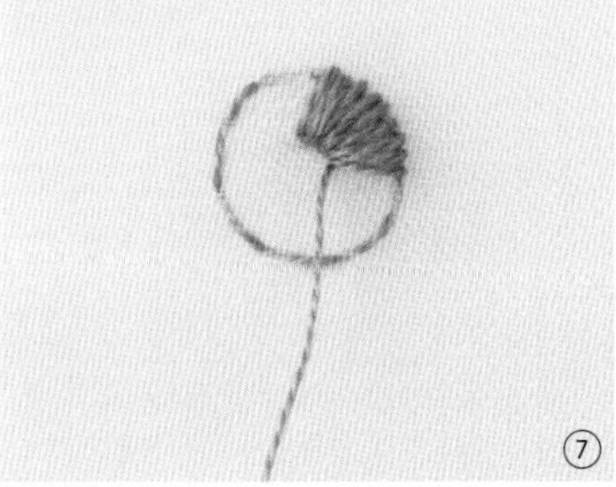


これを繰り返す。内円は糸と糸の間をしっかり詰め、外円は少し余裕を持たせると、綺麗な円に仕上がる。

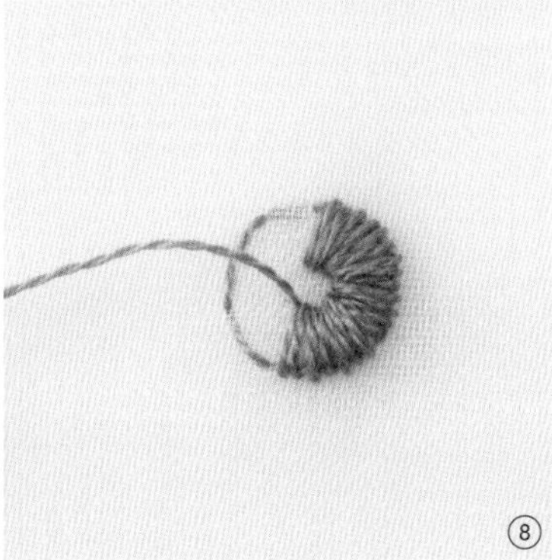


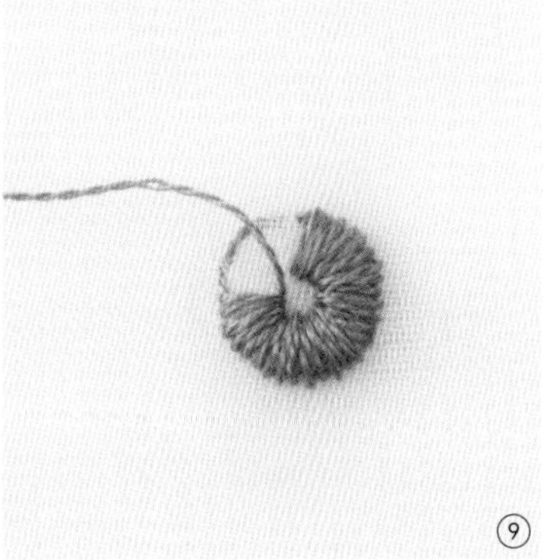

# 〈 ランニングステッチ 〉

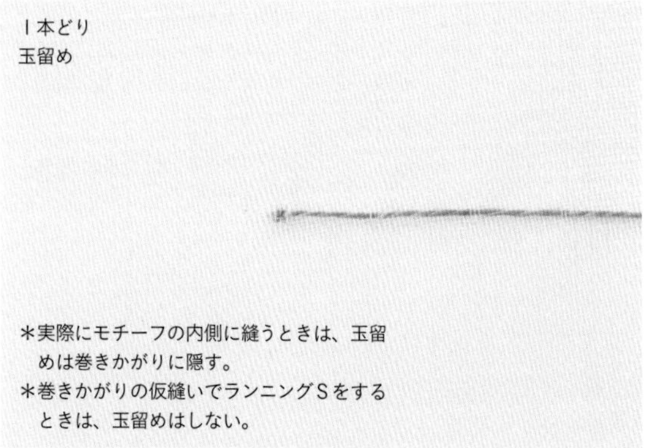

1本どり
玉留め

＊実際にモチーフの内側に縫うときは、玉留めは巻きかがりに隠す。
＊巻きかがりの仮縫いでランニングSをするときは、玉留めはしない。

花びらの内側や蝶の羽などを表現する際に使っています。まるで1本の線のように見えるのがこの本のランニングステッチの特徴です。

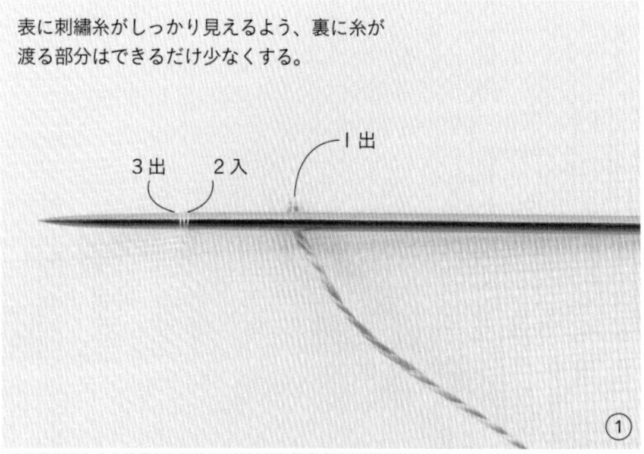


表に刺繍糸がしっかり見えるよう、裏に糸が渡る部分はできるだけ少なくする。

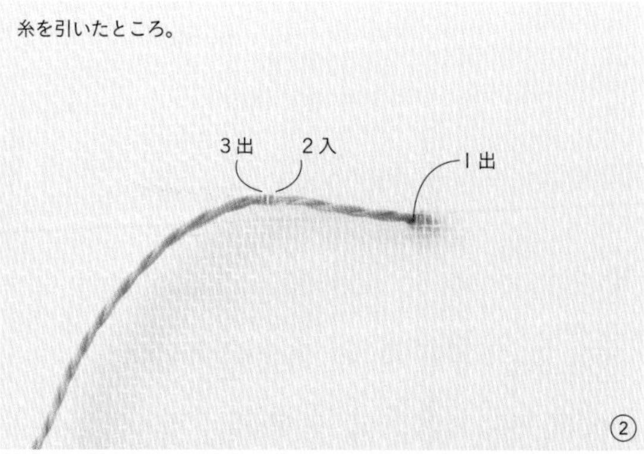


糸を引いたところ。

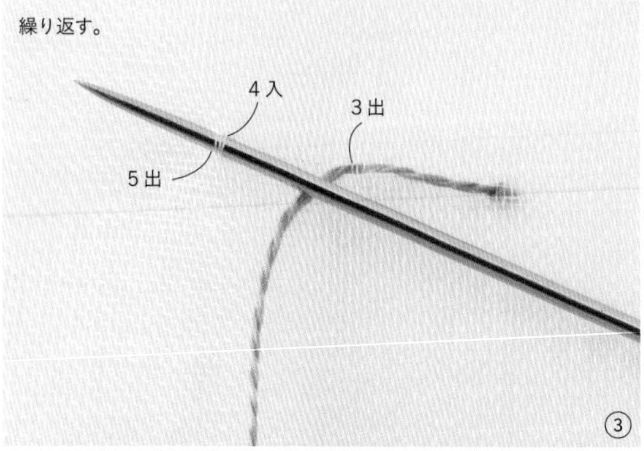


繰り返す。

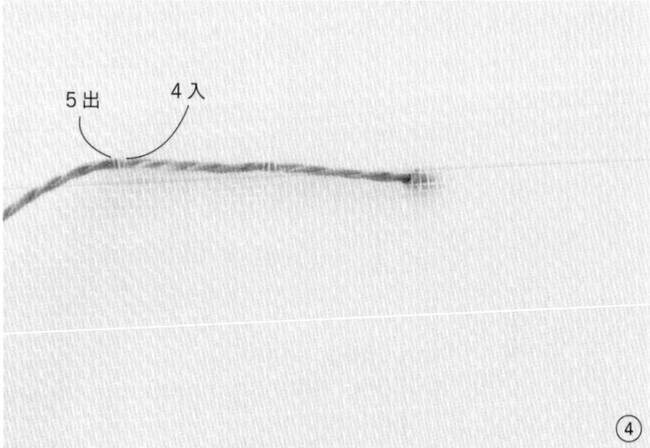


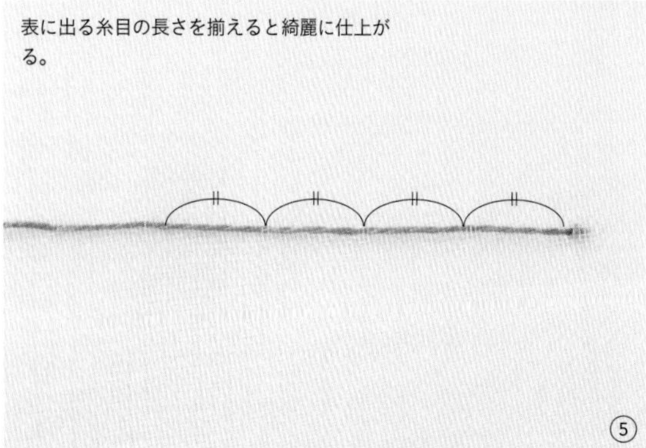


表に出る糸目の長さを揃えると綺麗に仕上がる。

Memo
モチーフの内側で縫うとき（花びらや蝶の羽など）は、このように、裏に糸が渡る部分が少なくなるようにして、表にしっかりと糸を出します。巻きかがりを施す際の仮縫いでランニングステッチをするときは、表裏の糸目が同じ長さになって構いません。

## 〈 ストレートステッチ 〉

花芯など、短いまっすぐな線を施したい際に使います。あまり長くすると、完成後、糸が引っかかりやすくなってしまうので、ほどほどの長さに。

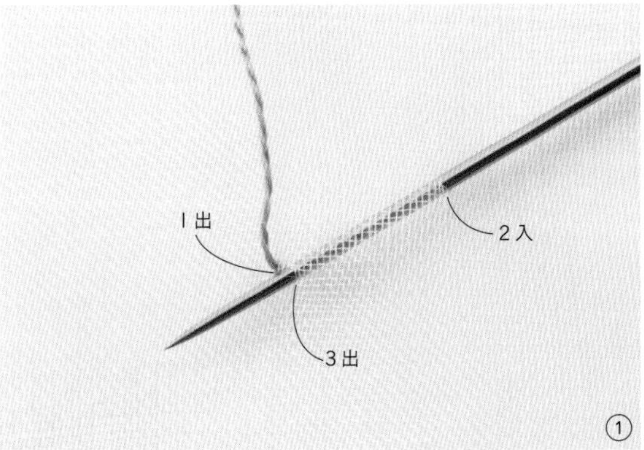


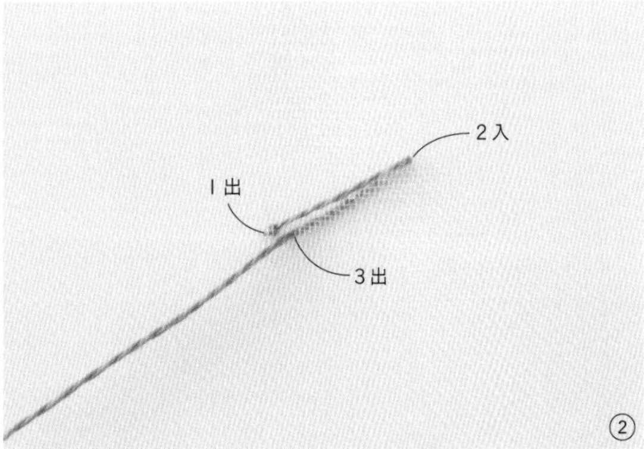


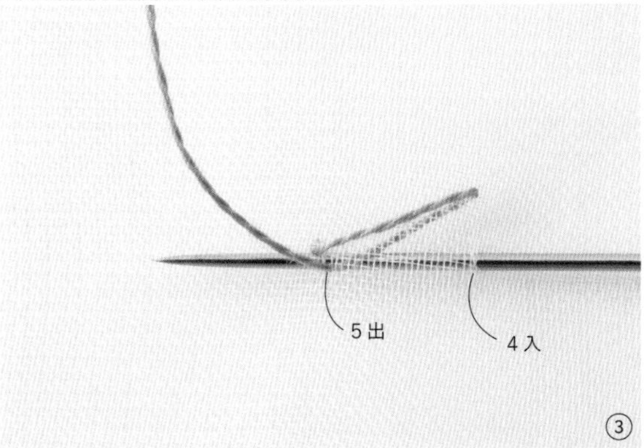


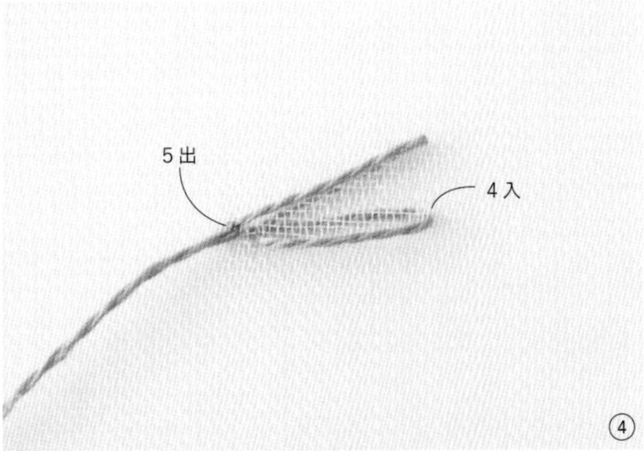


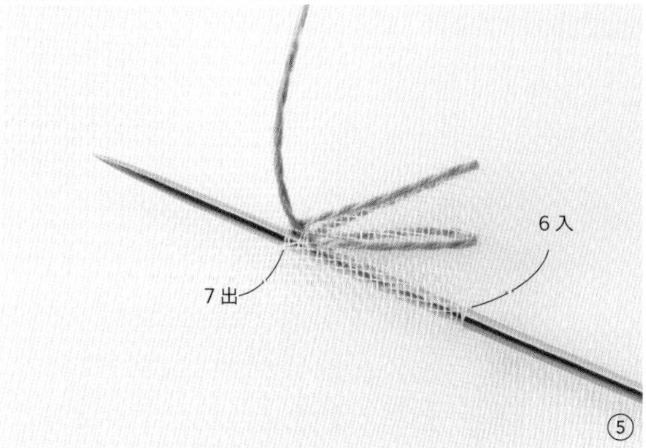


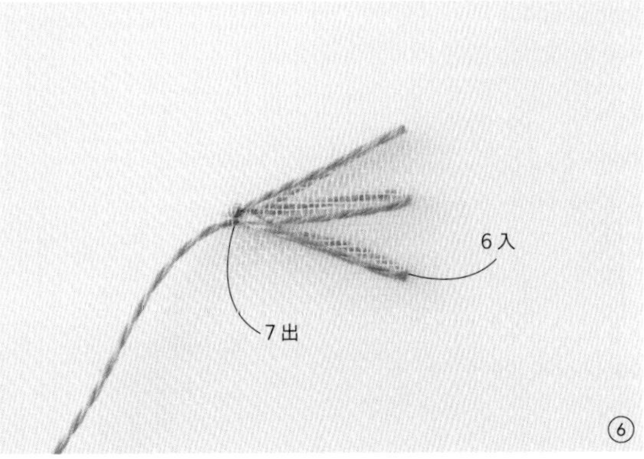

## 〈 サテンステッチ 〉

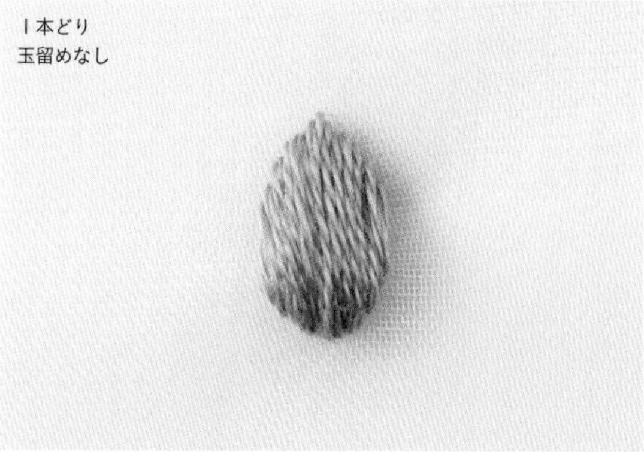
1本どり
玉留めなし

面を埋めるステッチで、糸の向きや運び方で、仕上がりの印象が変わります。この本では、葉を刺繍する際によく使っていますので、その方法を解説します。

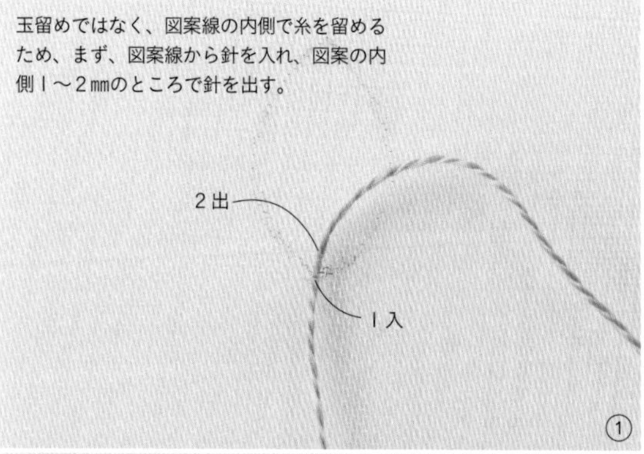

玉留めではなく、図案線の内側で糸を留めるため、まず、図案線から針を入れ、図案の内側1〜2㎜のところで針を出す。

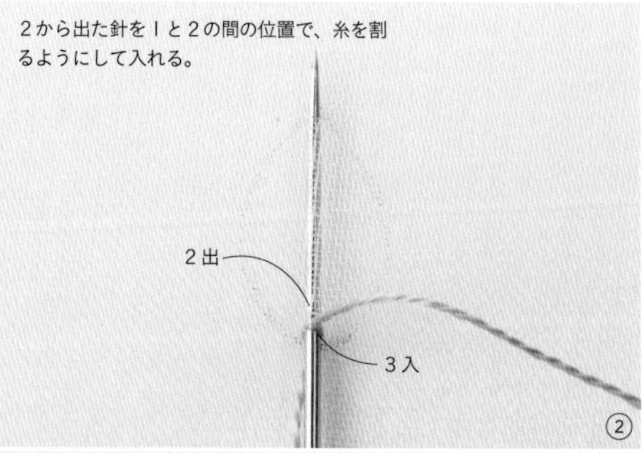

2から出た針を1と2の間の位置で、糸を割るようにして入れる。

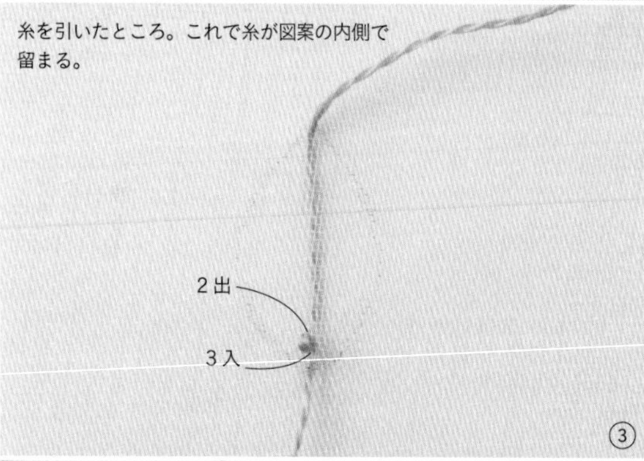

糸を引いたところ。これで糸が図案の内側で留まる。

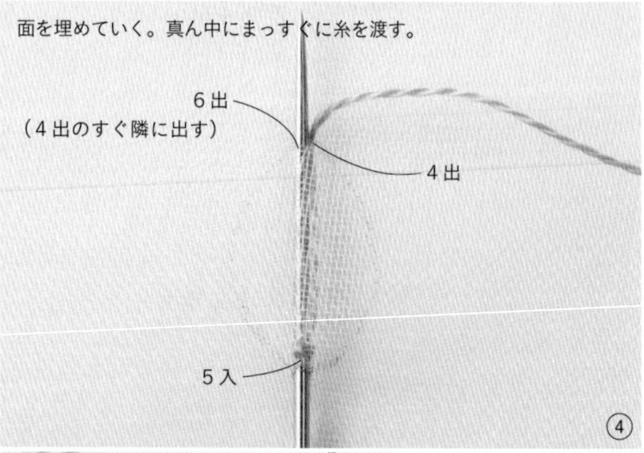

面を埋めていく。真ん中にまっすぐに糸を渡す。

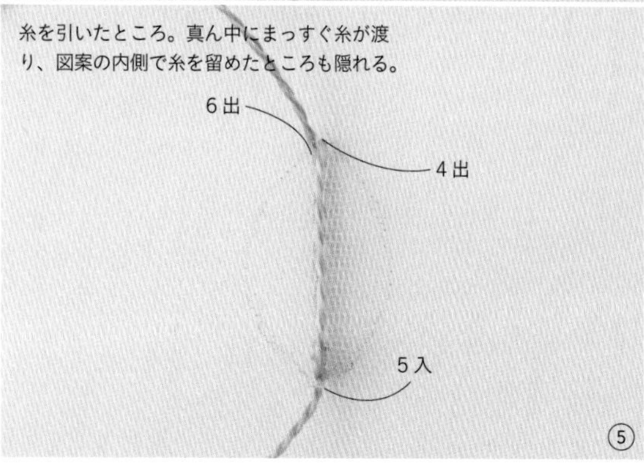

糸を引いたところ。真ん中にまっすぐ糸が渡り、図案の内側で糸を留めたところも隠れる。

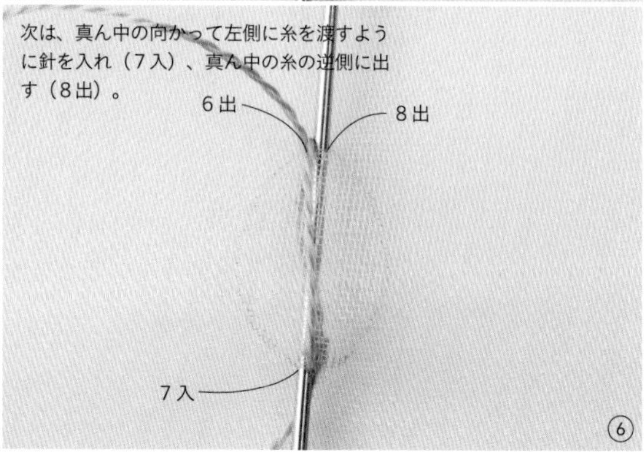

次は、真ん中の向かって左側に糸を渡すように針を入れ（7入）、真ん中の糸の逆側に出す（8出）。

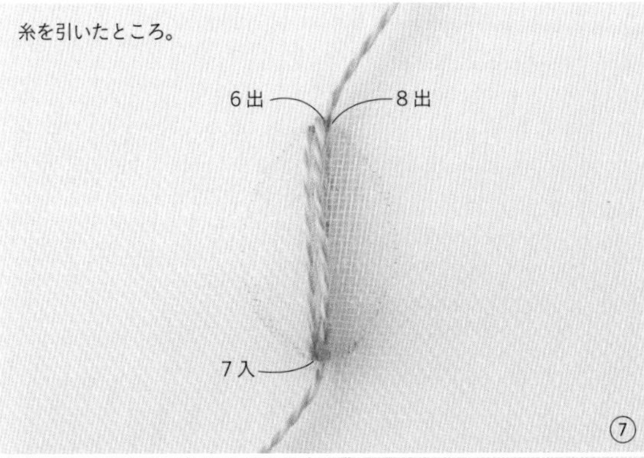


糸を引いたところ。

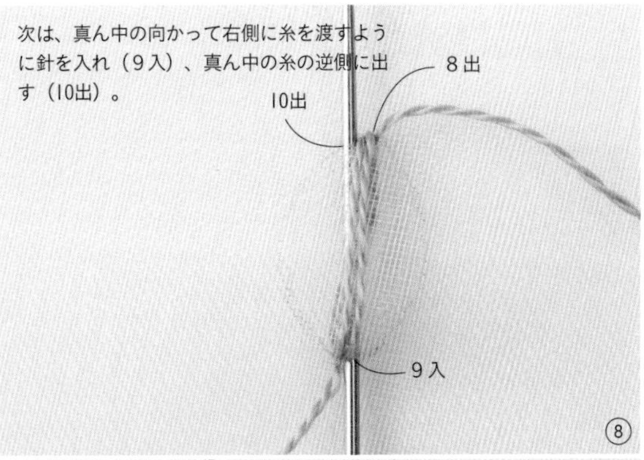


次は、真ん中の向かって右側に糸を渡すように針を入れ（9入）、真ん中の糸の逆側に出す（10出）。

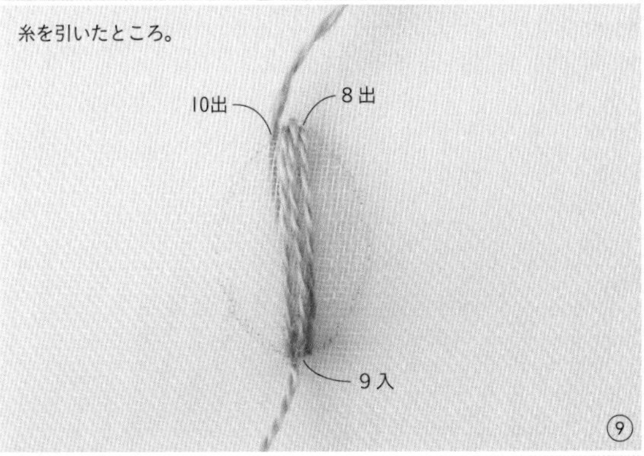


糸を引いたところ。

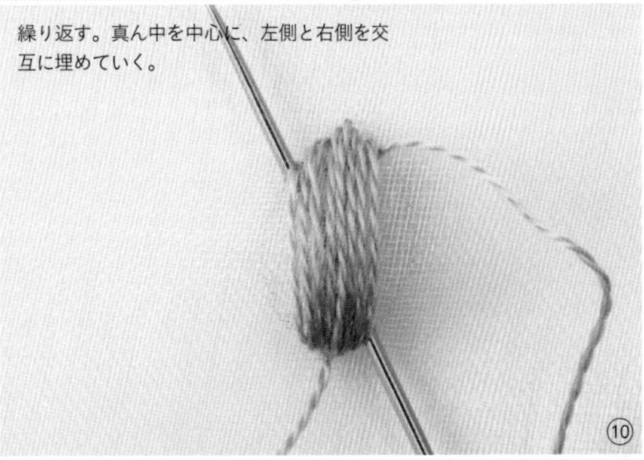


繰り返す。真ん中を中心に、左側と右側を交互に埋めていく。

最後まで埋めたら、サテンSの部分に針を通す。

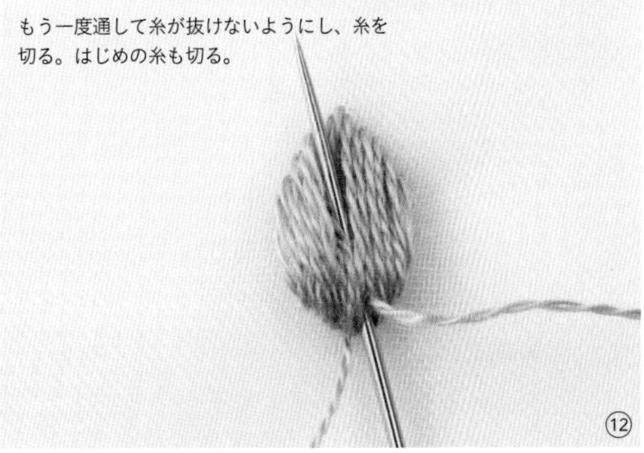


もう一度通して糸が抜けないようにし、糸を切る。はじめの糸も切る。

## 〈 フレンチノットステッチ 〉

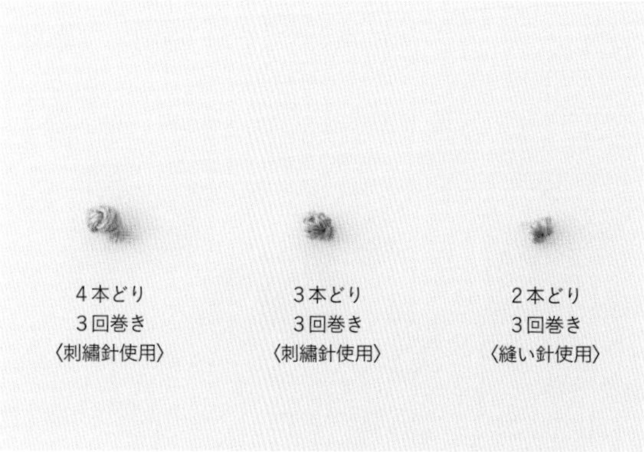


糸の本数や巻き数によって、違う大きさに仕上げることができます。点々とあしらったり、一箇所に集めて刺したり、組み合わせ方で多彩な表現になります。

玉留めした糸を裏から表に出し、針をぴったり横におく。

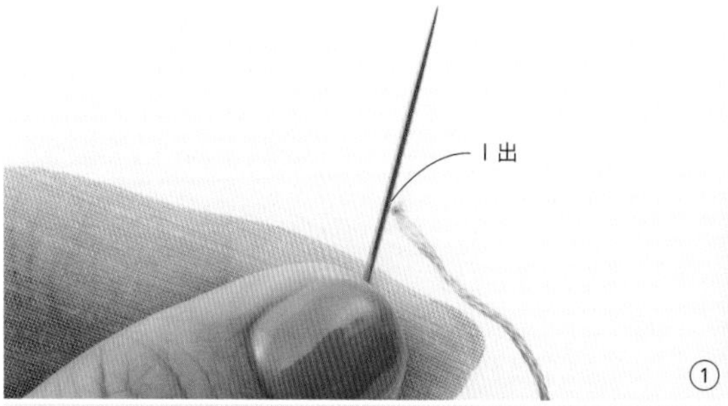


針に、糸を指定の回数巻く。

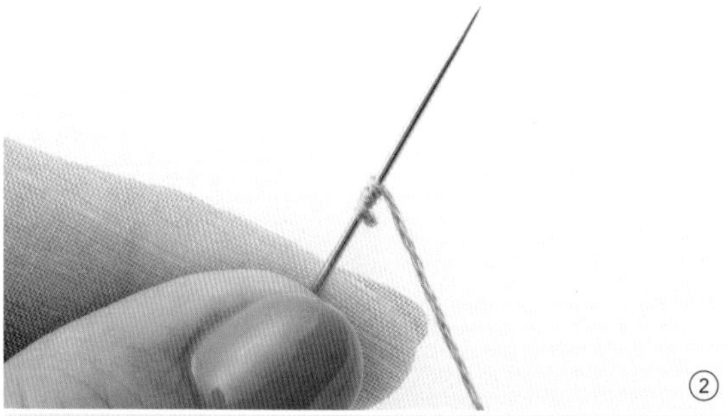


糸を巻いた針を①の横から入れる。

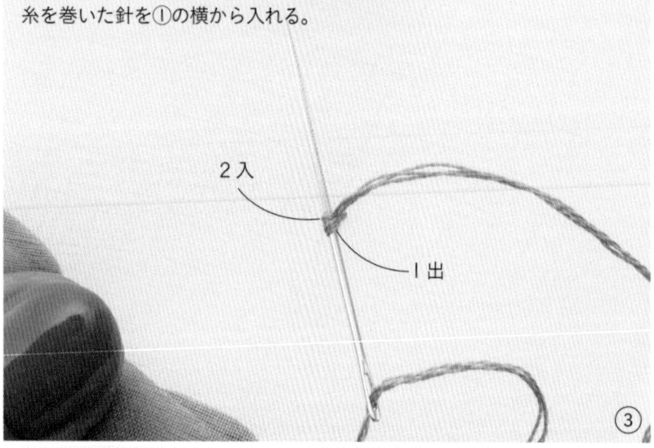


糸を引いたところ。

次のステッチしたい位置に裏から針を出し、糸を指定の回数巻く。

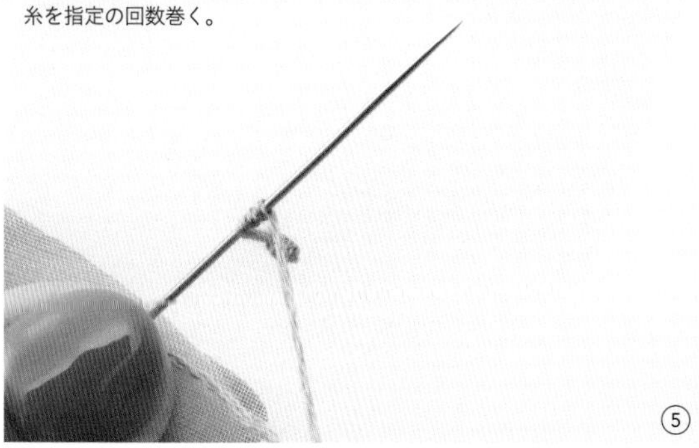


糸を引いたところ。

## 〈 バリオンステッチ 〉

1本どり
玉留め

糸の本数や巻き数によって、仕上がりが変わります。この本では「1本どり8回巻き」で勿忘草の花芯に使っています。

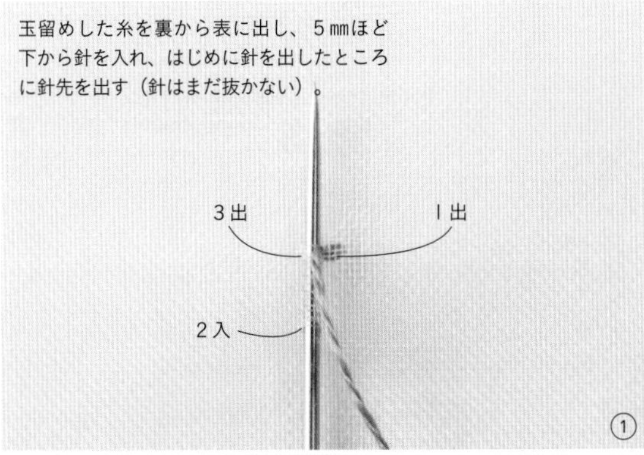


玉留めした糸を裏から表に出し、5㎜ほど下から針を入れ、はじめに針を出したところに針先を出す（針はまだ抜かない）。 ①

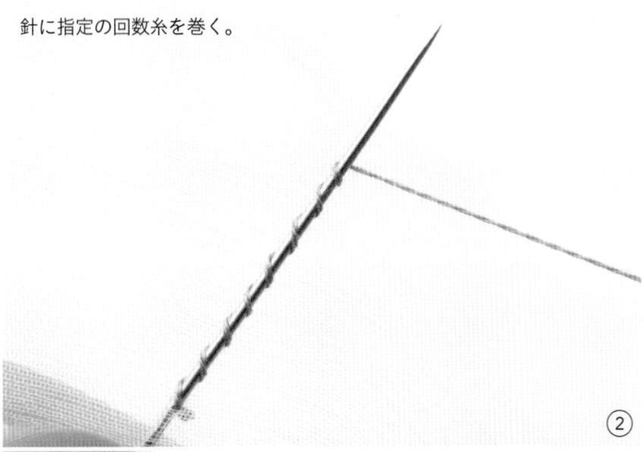

針に指定の回数糸を巻く。 ②

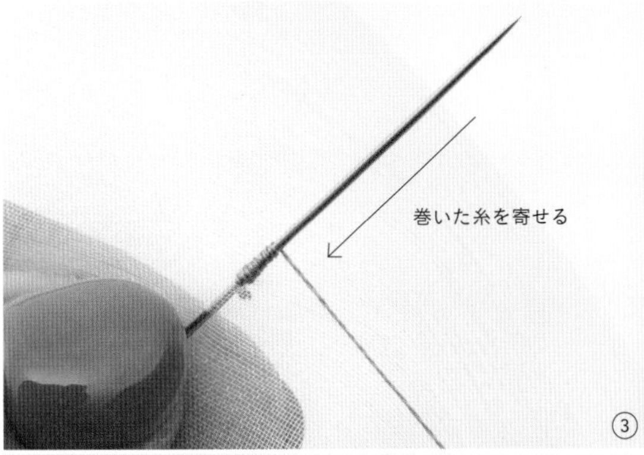


③

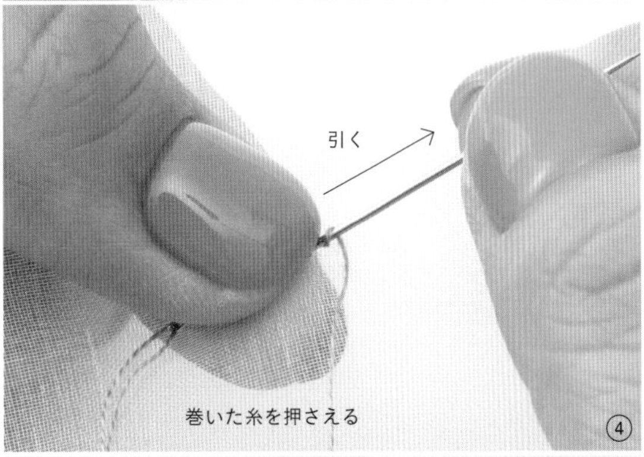


④

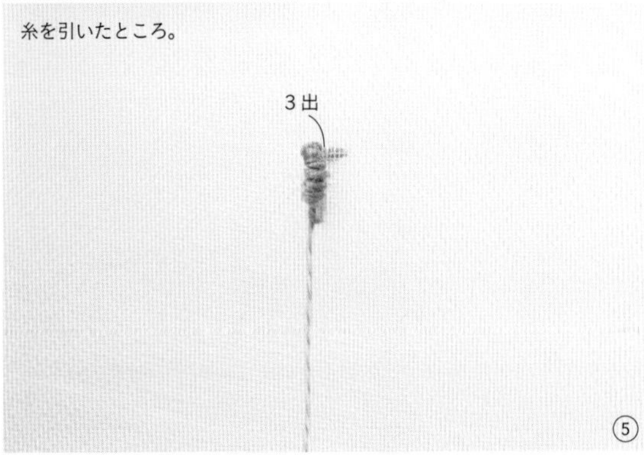


糸を引いたところ。 ⑤

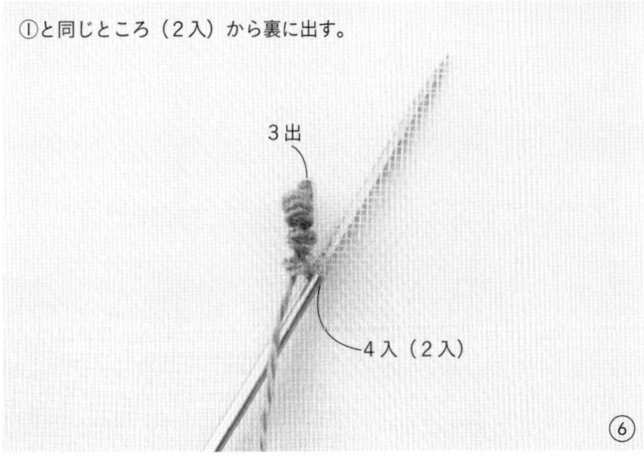


①と同じところ（2入）から裏に出す。 ⑥

# 〈 スミルナステッチ 〉

2本どり
玉留めなし

ふわふわの仕上がりが可愛らしいステッチです。カットする際の長さによってニュアンスが変わります。クリスマスローズやアネモネの花芯に使っています。

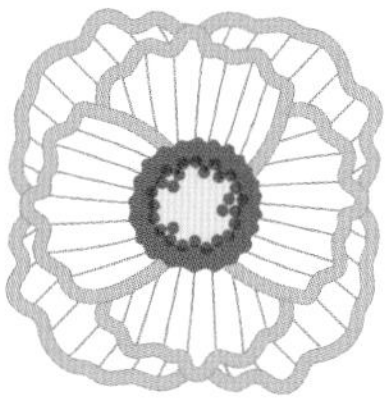

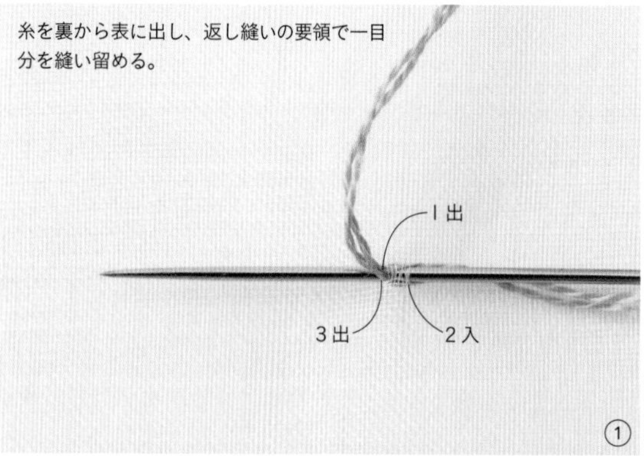

糸を裏から表に出し、返し縫いの要領で一目分を縫い留める。

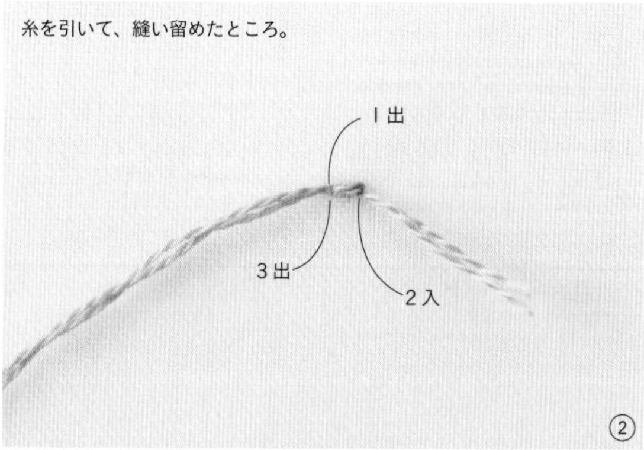

糸を引いて、縫い留めたところ。

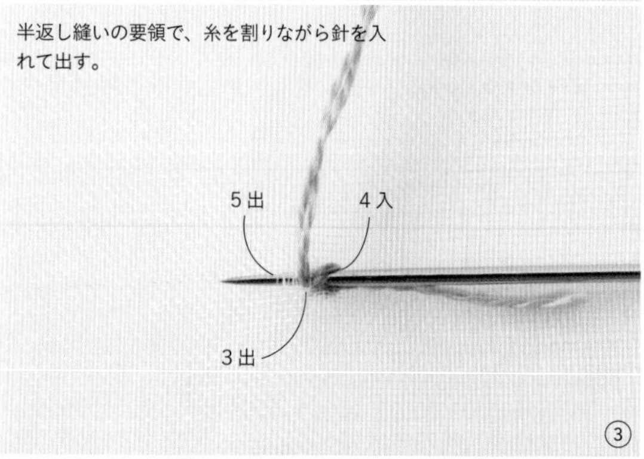

半返し縫いの要領で、糸を割りながら針を入れて出す。

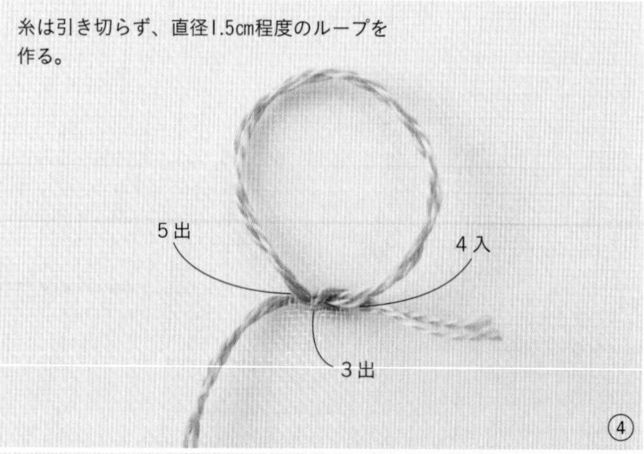

糸は引き切らず、直径1.5cm程度のループを作る。

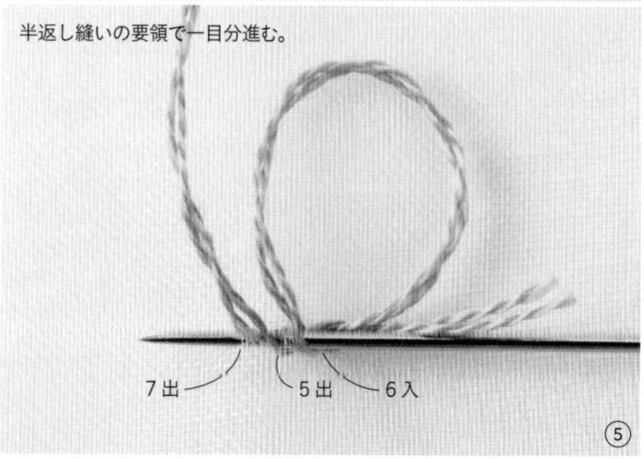

半返し縫いの要領で一目分進む。

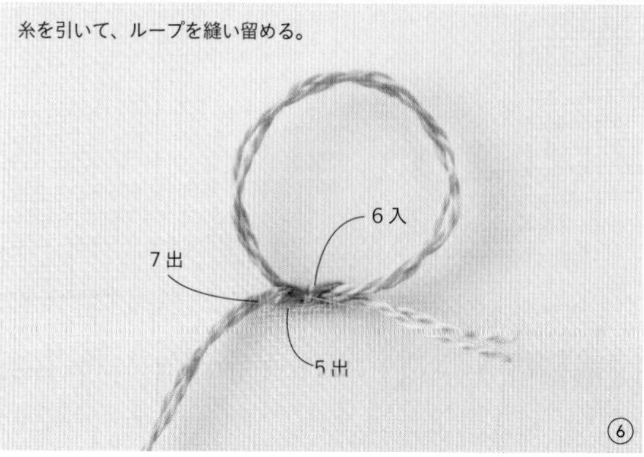

糸を引いて、ループを縫い留める。

③④を繰り返し、2つ目のループを作ったところ。

⑦

⑤⑥を繰り返し、2つ目のループを縫い留めたところ。

⑧

必要な分のループを作り終えたら、ステッチの間に針を通して出す。

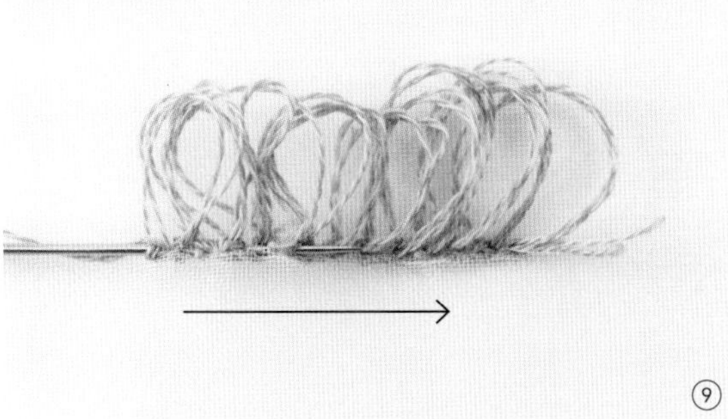

⑨

糸端を切る。

⑩

ループを指定の長さに切り揃える。

⑪

## 糸を替えるときは

ステッチの間に針を通して出し、糸端を切る。

⑫

新しい糸を①②の要領で縫い留める。

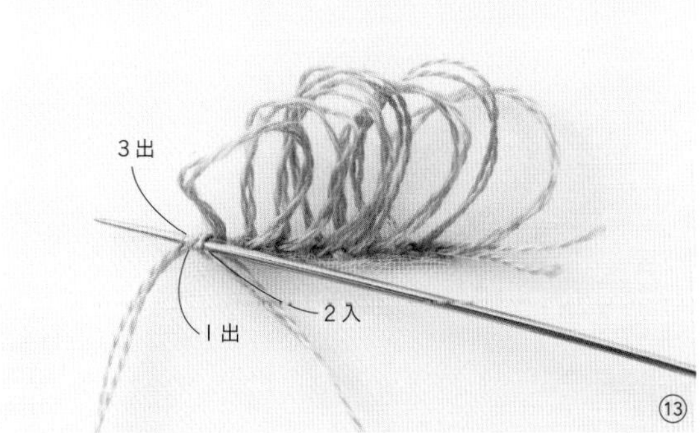


⑬

糸を引いたところ。糸端を切り、ステッチを続ける。

⑭

Beads &
Spangles

# ビーズ、スパンコールの縫いつけ方

オーガンジー刺繍のモチーフに、ビーズやスパンコールをあしらうと
華やかさがプラスされ、アクセサリーとして使うシーンも広がります。
ビーズ針を使い、作品の色にあった目立たない刺繍糸で丁寧に縫いつけましょう。

## 〈ビーズI（集合）〉

スワロフスキー・クリスタル#5810（4㎜）
丸小ビーズ（クリア、クリアマット）
ビーズ針／刺繍糸1本どり／玉留め

花の中心などの一部分にビーズを集めるようにして縫いつけます。同じビーズを複数使ったり、色や形の違うビーズを使うこともありますが、いずれもビーズは1個ずつ縫い留めていくのがきれいに仕上げるコツです。

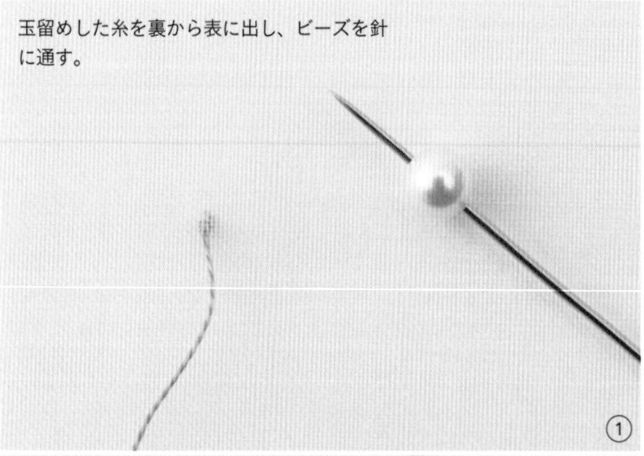

玉留めした糸を裏から表に出し、ビーズを針に通す。

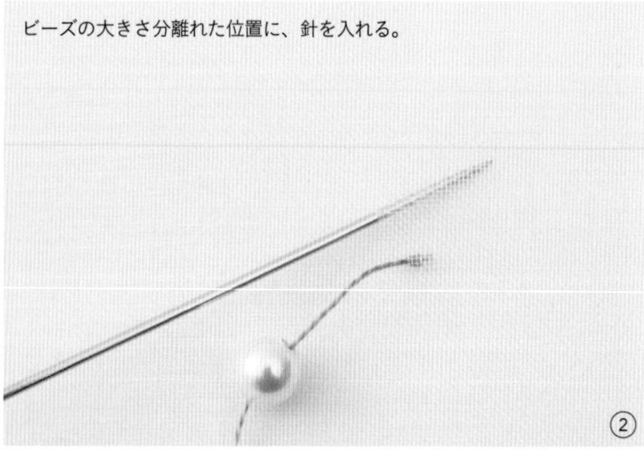

ビーズの大きさ分離れた位置に、針を入れる。

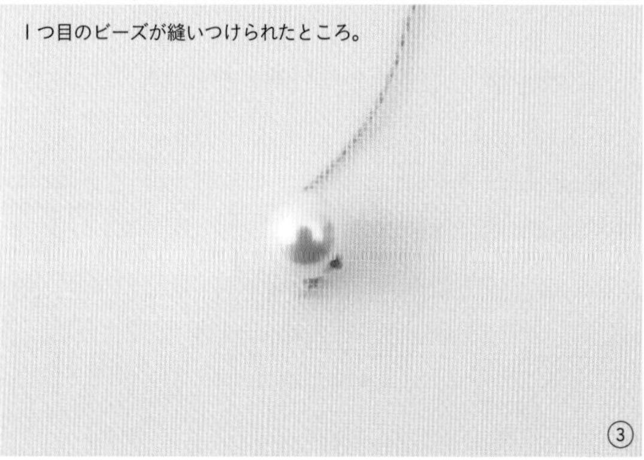

1つ目のビーズが縫いつけられたところ。

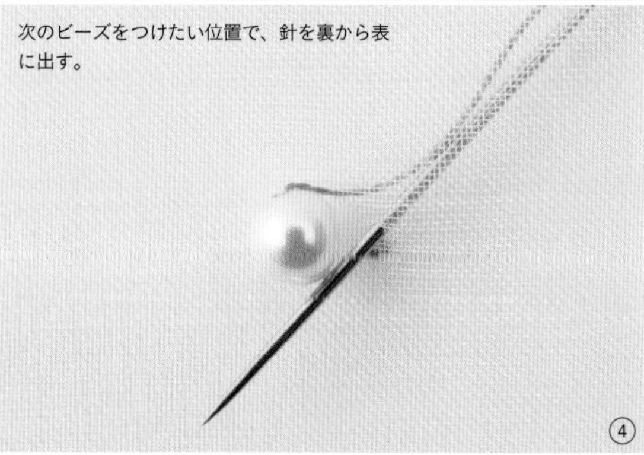

次のビーズをつけたい位置で、針を裏から表に出す。

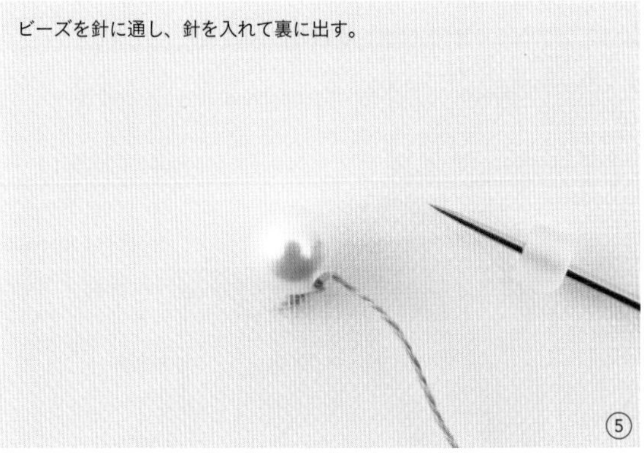

ビーズを針に通し、針を入れて裏に出す。

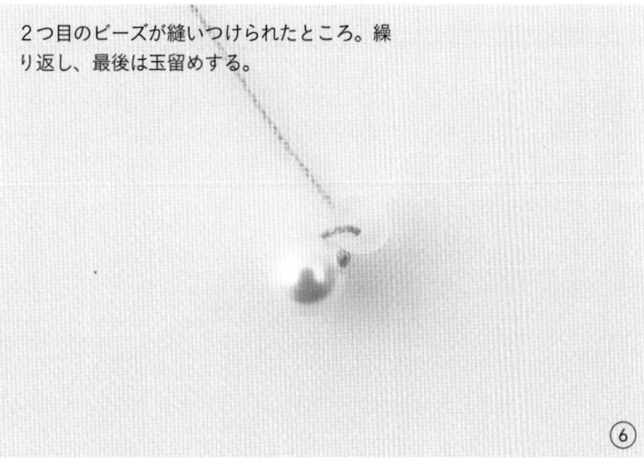

2つ目のビーズが縫いつけられたところ。繰り返し、最後は玉留めする。

## 〈 ビーズ II（列）〉

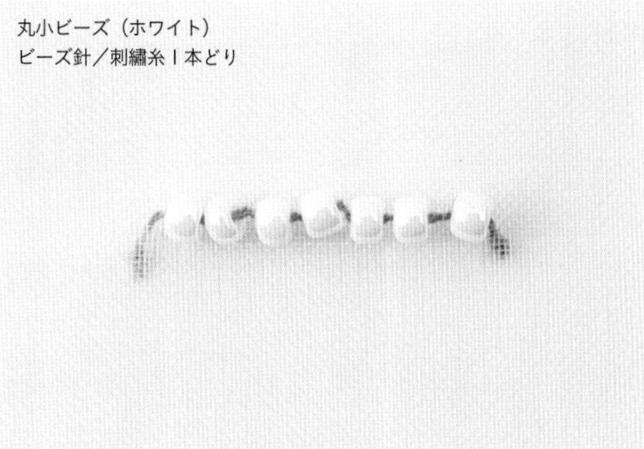
丸小ビーズ（ホワイト）
ビーズ針／刺繍糸1本どり

同じ大きさのビーズを、ラインを描くように列にして縫いつけます。ランニングステッチをしながら針にビーズを通していくイメージです。オーガンジーをすくう幅をできるだけ小さくしてビーズがぴったりと並ぶようにしましょう。

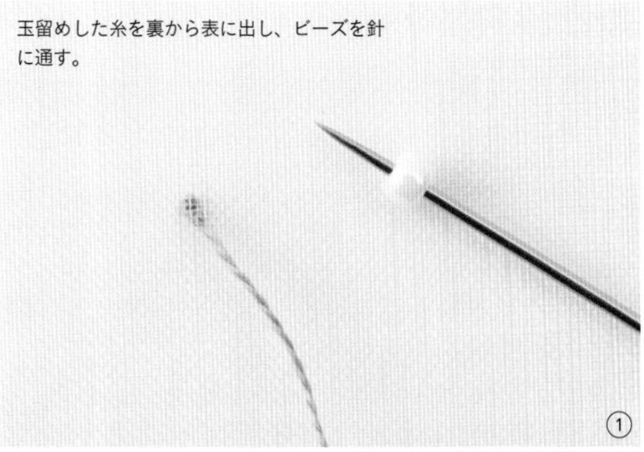

玉留めした糸を裏から表に出し、ビーズを針に通す。

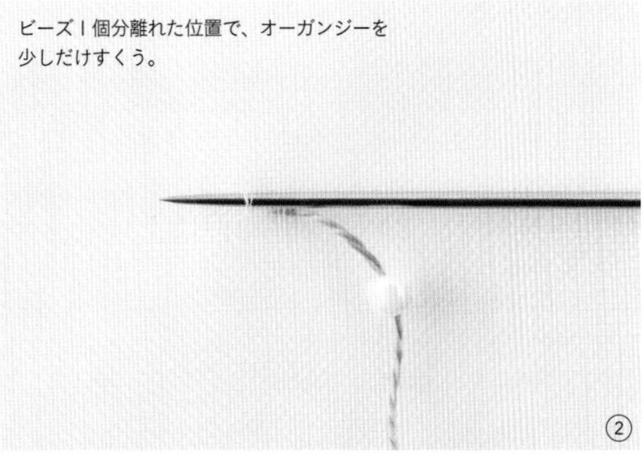

ビーズ1個分離れた位置で、オーガンジーを少しだけすくう。

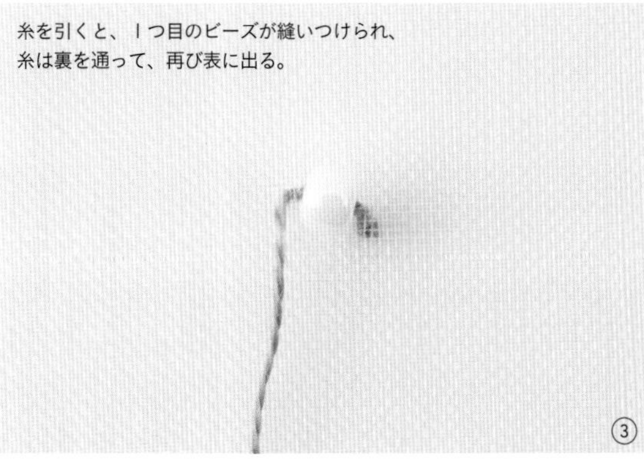

糸を引くと、1つ目のビーズが縫いつけられ、糸は裏を通って、再び表に出る。

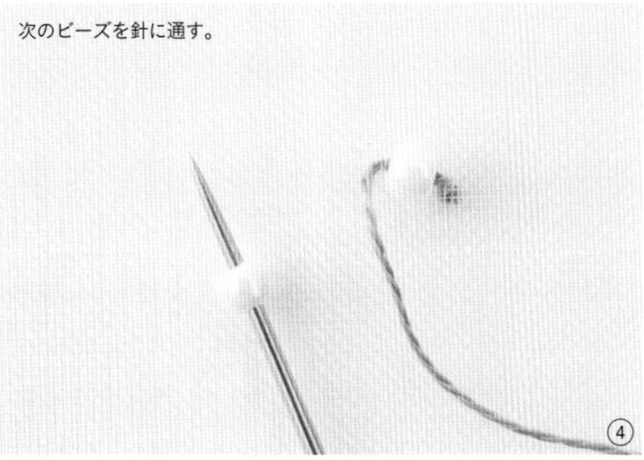

次のビーズを針に通す。

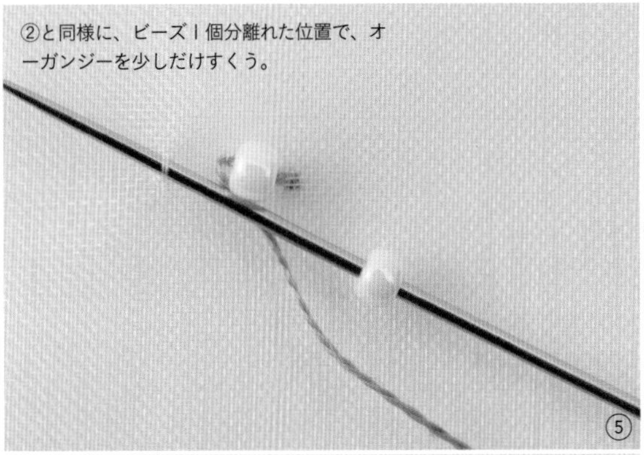


②と同様に、ビーズ1個分離れた位置で、オーガンジーを少しだけすくう。

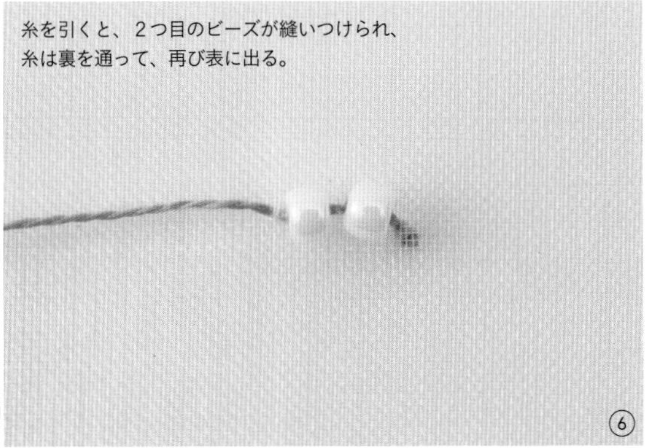


糸を引くと、2つ目のビーズが縫いつけられ、糸は裏を通って、再び表に出る。

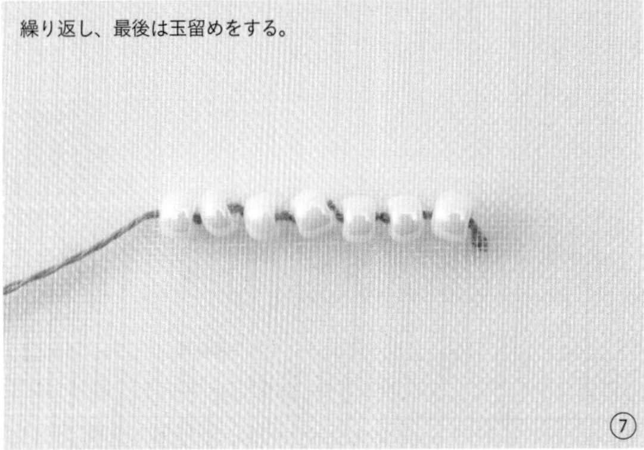


繰り返し、最後は玉留めをする。

## 〈 スパンコール 〉

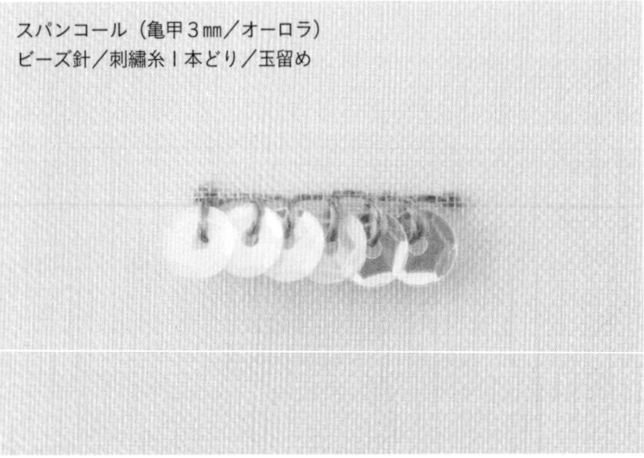

スパンコール（亀甲3㎜／オーロラ）
ビーズ針／刺繍糸1本どり／玉留め

スパンコールを列にして縫いつけます。均等な幅で縫いつけ、スパンコール同士の重なり方が一定になると、仕上がりが美しくなります。
スパンコールはお皿のふくらんでいる方が裏。バックステッチで縫いつける方法もありますが、オーガンジーは透けて裏の糸も見えるので、この本では、できるだけ糸が目立たない方法で縫いつけています。

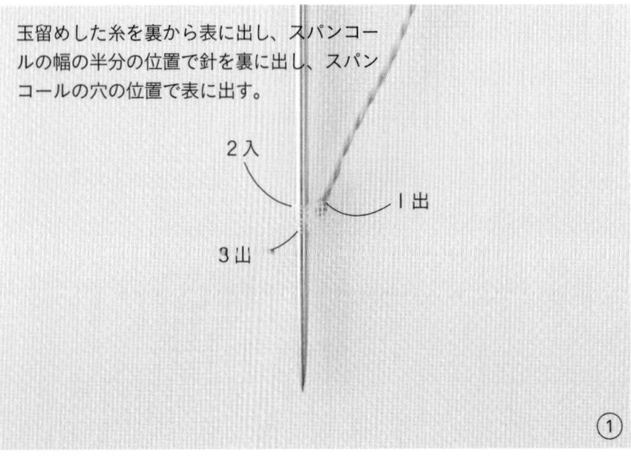


玉留めした糸を裏から表に出し、スパンコールの幅の半分の位置で針を裏に出し、スパンコールの穴の位置で表に出す。

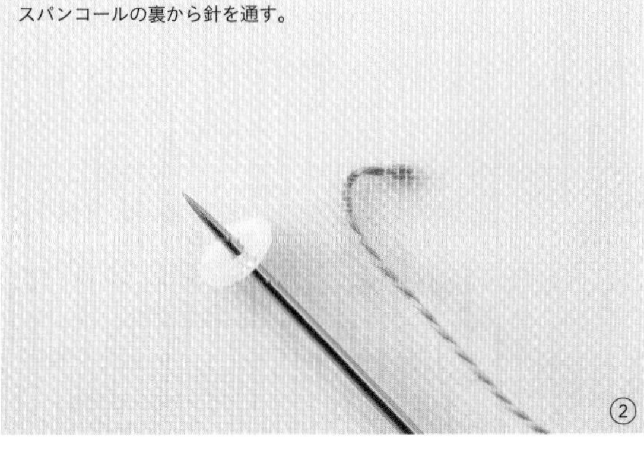


スパンコールの裏から針を通す。

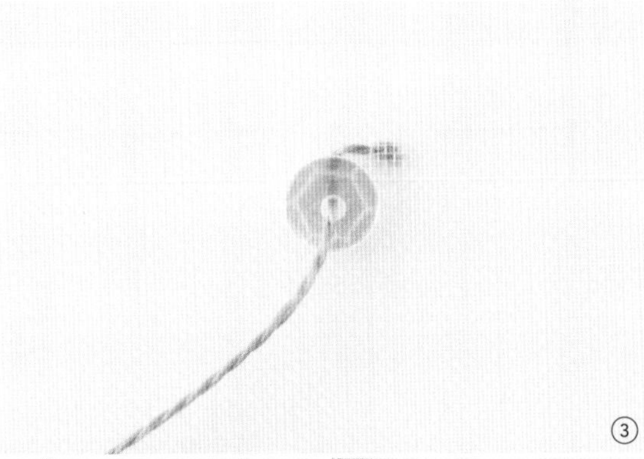

③

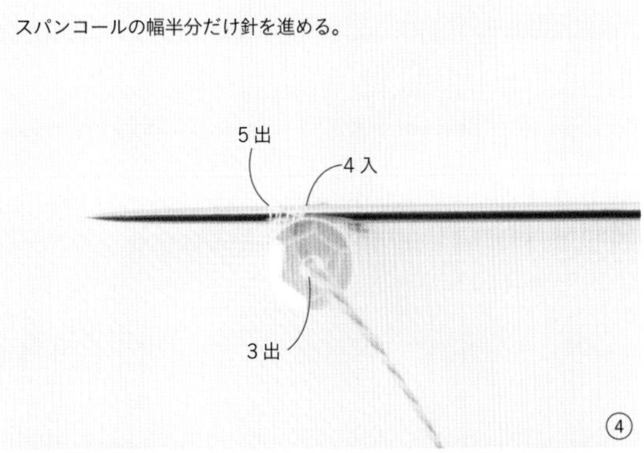


スパンコールの幅半分だけ針を進める。

④

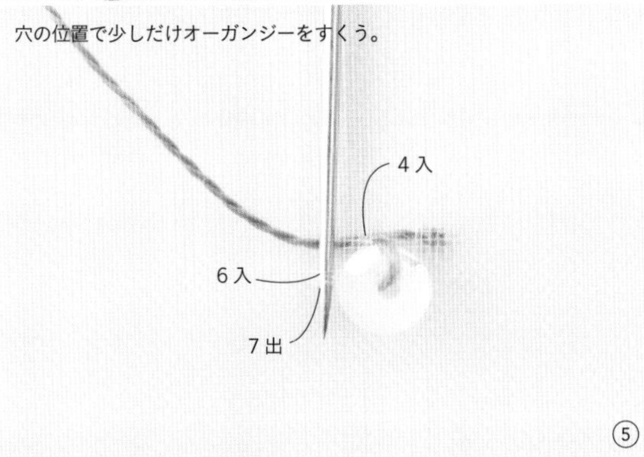


穴の位置で少しだけオーガンジーをすくう。

⑤

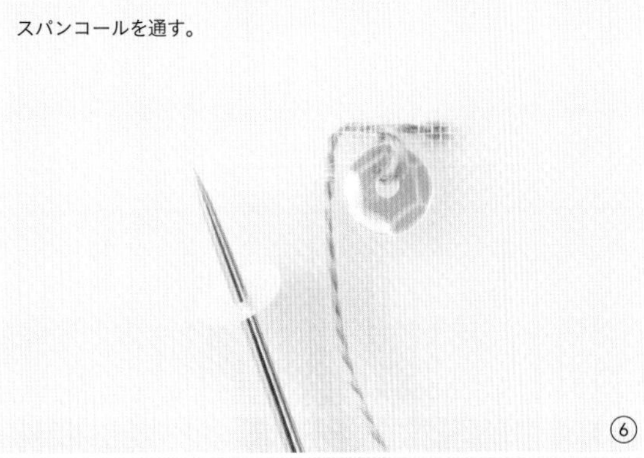

スパンコールを通す。

⑥

⑦

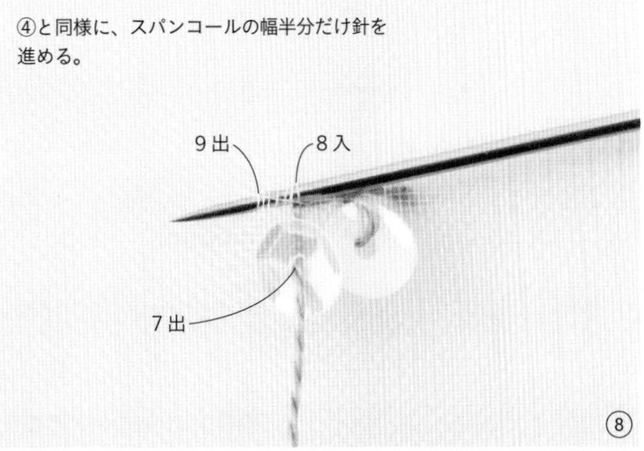


④と同様に、スパンコールの幅半分だけ針を
進める。

⑧

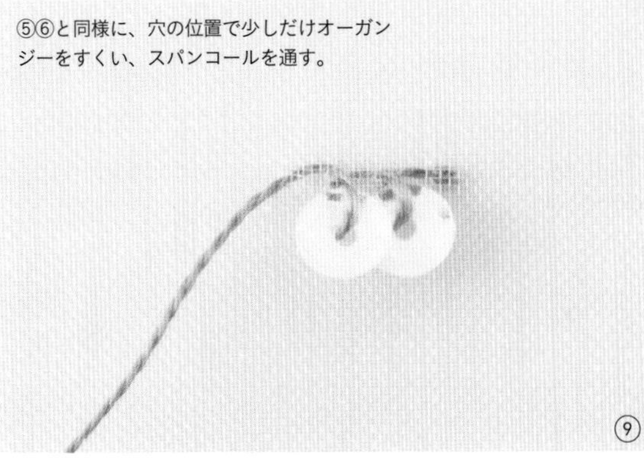

⑤⑥と同様に、穴の位置で少しだけオーガン
ジーをすくい、スパンコールを通す。

⑨

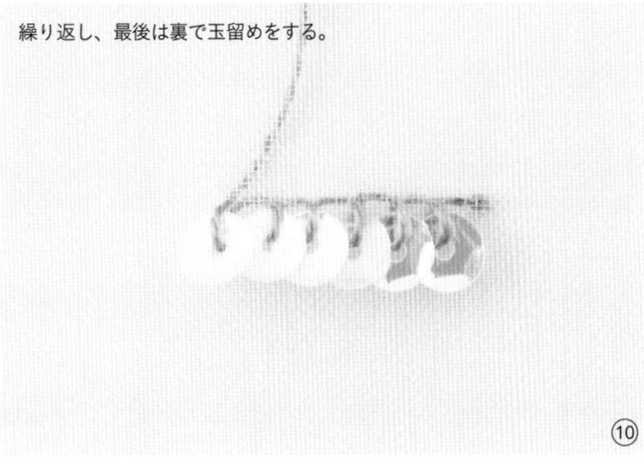

繰り返し、最後は裏で玉留めをする。

⑩

# How to make

## 掲載作品の作り方

p04-31に掲載している作品の作り方を紹介します。

- 刺繍糸はすべてCOSMO25番刺繍糸を使用しています。
- オーガンジーは手芸店、その他の材料はビーズやアクセサリーパーツの専門店で購入できます（一部のビーズやアクセサリーパーツは手芸店で購入できます)。記載のサイズや色を参考に、好みのものを準備してください。
- 刺繍図案は、すべて実物大です。こちらをコピーして使用してください。作り方図にあるステッチ指示を参考に刺繍をします。ステッチ指示の記載内容は以下の通りです。
  ステッチ名（糸の本数）
  刺繍糸の色番号
- 刺繍パーツ同士やアクセサリー金具を縫い合わせたり、ビーズやスパンコールを縫いつけたりする際、いずれも縫い糸ではなく刺繍糸を1本どりで使用しています。縫いつける部分と同じ色の刺繍糸を使用してください。
- 糸端の処理は、ステッチの種類や刺繍している場所や範囲により、玉留めをする場合と、玉留めをしない場合があります。玉留めをしない場合には糸処理についての参照ページを記載しています。特に記載がない場合は縫いはじめ、縫い終わりともに玉留めをしてください。
- p40-49「オーガンジー刺繍の基本」とp50-61「基本のステッチ」で、作り方の手順やこの本で使われているステッチを確認してから作り始めましょう。

# - A

Photo
page.04-07

## 蝶のブローチ

**●材料**（1点分）
オーガンジー（白）→２枚重ねて使用
COSMO25番刺繍糸
ⓐ 524、551、662　ⓑ 315A、682、2317
ⓒ 171A、282、2281　ⓓ 140、297、700
ブローチピン（21mm／ロジウムカラー）…1個

**●作り方**
①オーガンジーに図案を写し、２枚重ねて羽と体の輪郭を巻きかがり **I**（→p50-51）で刺繍する。
②羽の内側をランニングS、サテンSで刺繍する。オーガンジーの上1枚をすくってステッチし、モチーフの裏に刺繍糸が出ないようにする。
③アイロンをかけ、巻きかがりの部分にほつれ止め液を塗る。乾いたら切り取る。
④羽を体に刺繍糸1本（羽の巻きかがりと同じ色）で縫いつける。
⑤裏にブローチピンを刺繍糸1本（体の巻きかがりと同じ色）で縫いつける。

〈 実物大図案 〉

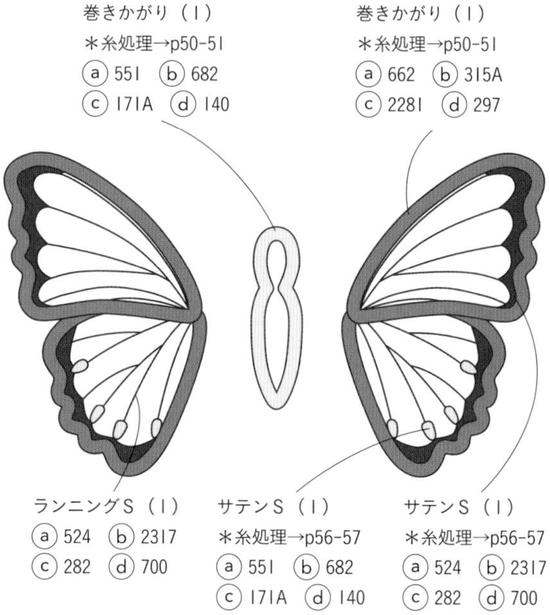

羽を体に刺繍糸1本（羽の巻きかがりと同じ色）で縫いつける。

## 〈 ブローチピンの縫いつけ方 〉

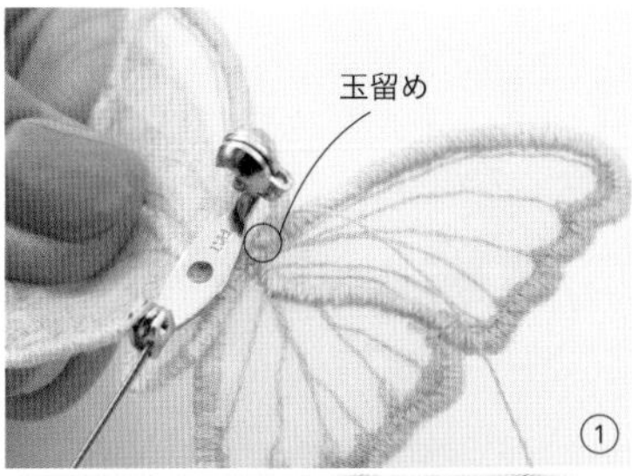

①ピンを縫いつける部分（蝶の体）の色と同じ色の刺繍糸を1本どりで玉留めして使う。蝶の体の裏の巻きかがり部分に玉留めした糸を通す。②ピンの上に糸をかけて、表に糸が出ないように巻きかがり部分のみに針を通す。

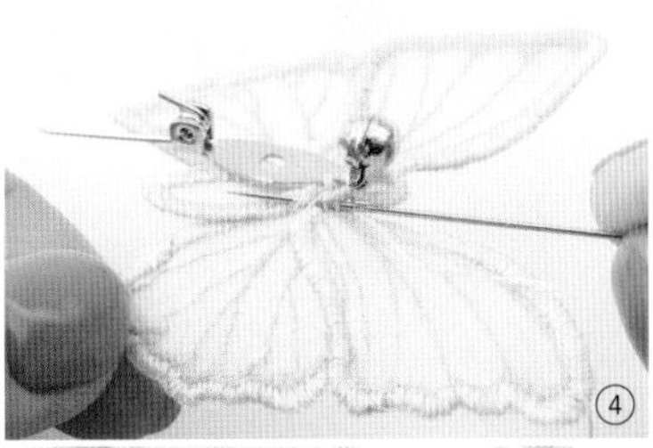


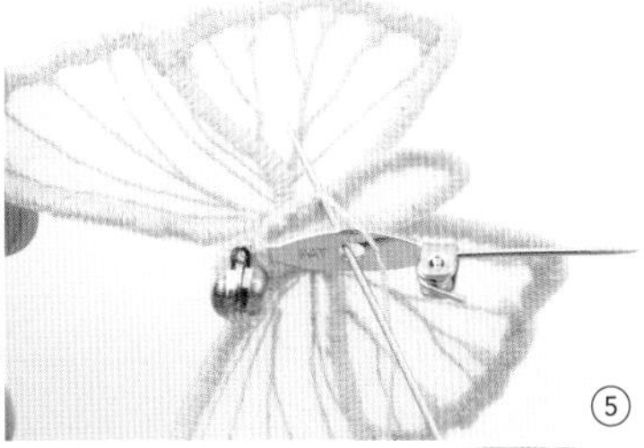


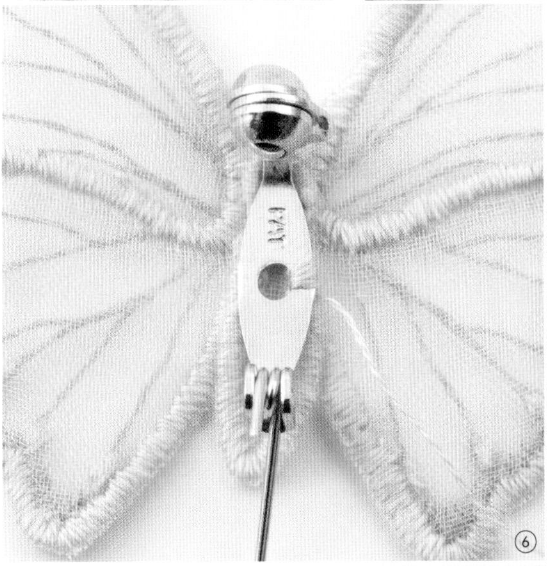


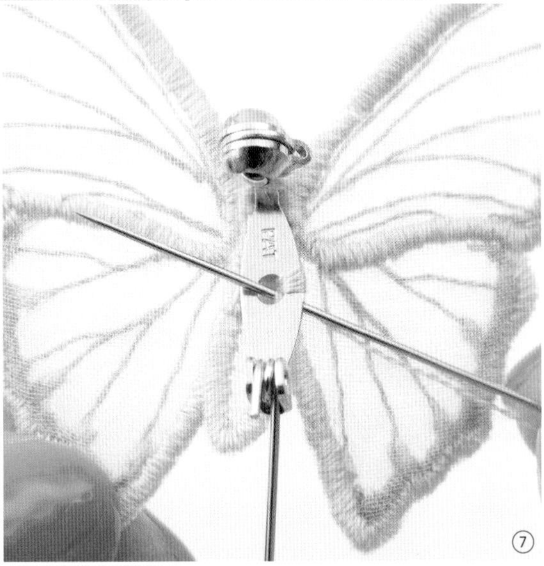


③3～4回繰り返して、縫いつける。④巻きかがり部分に針を通して、ピンの真ん中まで移動する。⑤⑥ピンの穴に針を通し、巻きかがり部分に縫いつける（3～4回）。⑦逆側も同様に縫いつける。⑧巻きかがり部分に針を通してピンの下まで移動し、4箇所目も同様に3～4回糸をかけて縫いつける。最後に巻きかがり部分に針を通し、玉留めする。⑨ブローチピンを縫いつけたところ。

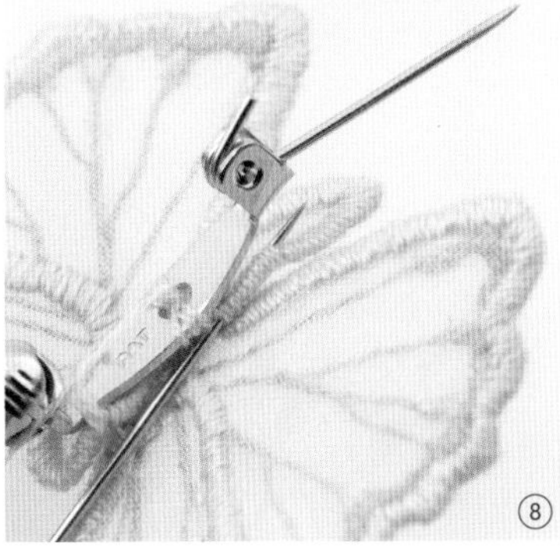

# – B

Photo
page.08-09

## 菫のピアス

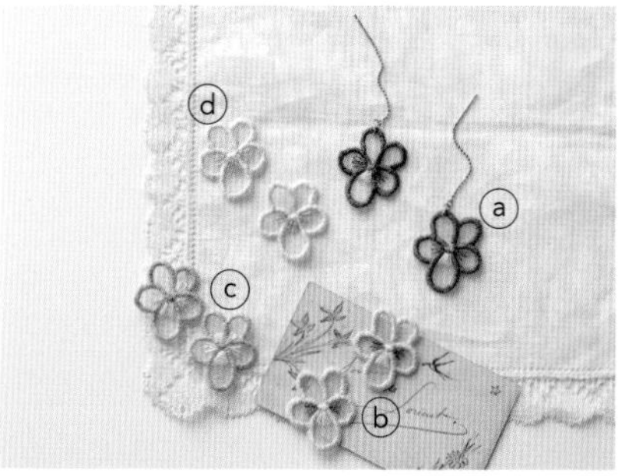


〈 実物大図案 〉

×2枚

**●材料**（1組分）
オーガンジー（白）→2枚重ねて使用
COSMO25番刺繍糸
ⓐ 555、574、2500　ⓑ 297、552、555、2500
ⓒ 574、652、2500　ⓓ 282、297、551
アメリカンピアス・ボールチェーン
（約43㎜／ロジウムカラー）…1組
丸カン（0.8×5㎜／ロジウムカラー）…4個

**●作り方**
①オーガンジーに図案を写し、2枚重ねて輪郭を巻きかがり **I**（→p50-51）で刺繍する。
②中心部分をサテンS→ストレートSの順に刺繍する。オーガンジーの上1枚をすくってステッチし、モチーフの裏に刺繍糸が出ないようにすること。
③アイロンをかけ、巻きかがりの部分にほつれ止め液を塗る。乾いたら切り取る。
④❶〜❸と同様にもう1個作る。
⑤つまようじで花びらの上に、丸カンを通す穴をあける。平やっとこで丸カンを通し、ピアス金具をつなげる。

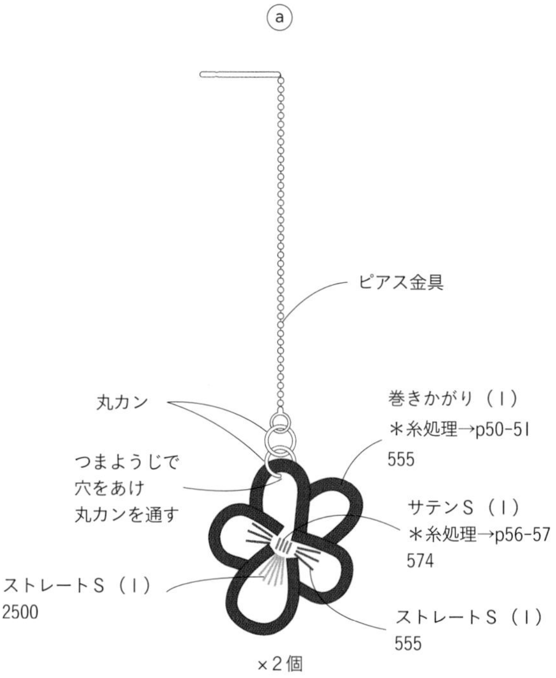


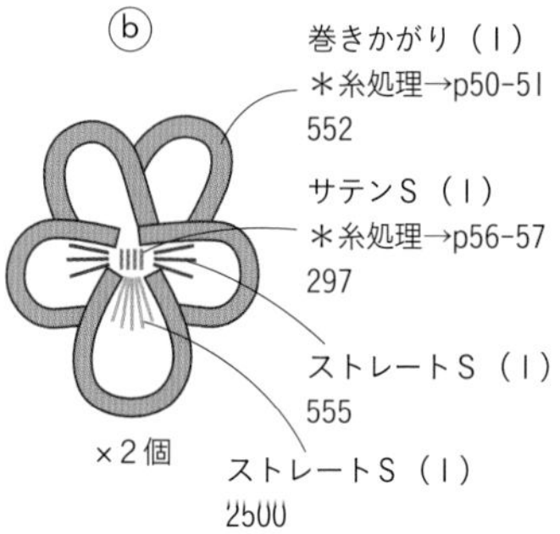


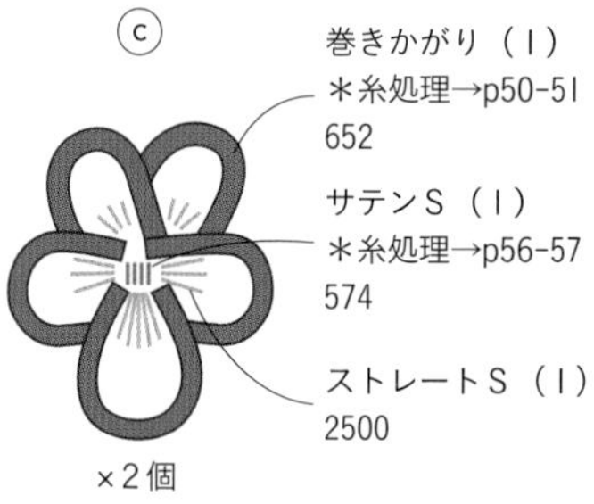


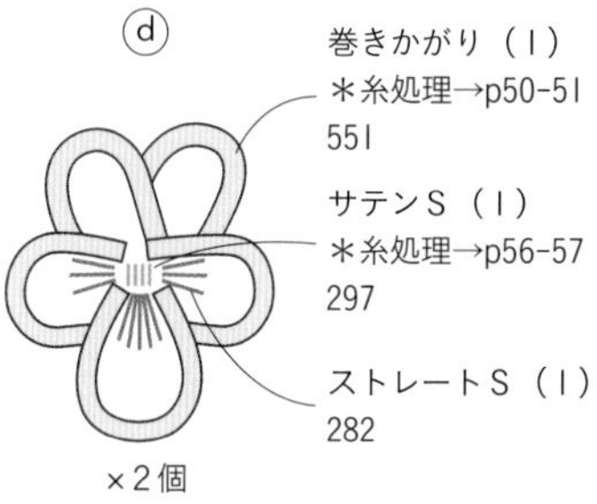

## 〈 ピアス金具のつけ方 〉

①

②

③

④

⑤

⑥

①②刺繡パーツにつまようじで丸カンを通す穴をあける。つまようじをくるくる回して、やさしくあけるとよい。できるだけ、巻きかがりの際になるようにする。③やっとこで丸カンをあけ、穴に通す。④ピアス金具を丸カンにつなげる。⑤やっとこで丸カンを閉じる。⑥ピアス金具を取りつけたところ。

# C

Photo
page.10-11

## 桜のヘアピン

**●材料**（1点分）

オーガンジー（白）→2枚重ねて使用
COSMO25番刺繍糸
ⓐ 103A、105、297 ⓑ 102、103A、299
ⓒ 101、103A、299
シャワーヘアピン（13mm／ゴールド）…1個

**●作り方**

①オーガンジーに図案を写し、2枚重ねて輪郭を巻きかがり **I**（→p50-51）で刺繍する。5枚作る。
②花びらの内側をストレートSで刺繍する。オーガンジーの上1枚をすくってステッチし、モチーフの裏に刺繍糸が出ないようにする。
③アイロンをかけ、巻きかがりの部分にほつれ止め液を塗る。乾いたら切り取る。
④花びらを1枚ずつ重ね、刺繍糸1本（巻きかがりと同じ色）で中心部分を縫いつなぐ（→p48-49参照）。
⑤フレンチノットSをする。
⑥ヘアピンのシャワー台に刺繍糸1本（巻きかがりと同じ色）で縫い留め、土台にはめ込み、ツメを平やっとこで倒す。

〈 実物大図案 〉

×5枚

ストレートS（1）
ⓐ 103A
ⓑ 102
ⓒ 103A

巻きかがり（1）
＊糸処理→p50-51
ⓐ 105
ⓑ 103A
ⓒ 101

フレンチノットS（3）
〈 2回巻き 〉
ⓐ 297
ⓑ 299
ⓒ 299

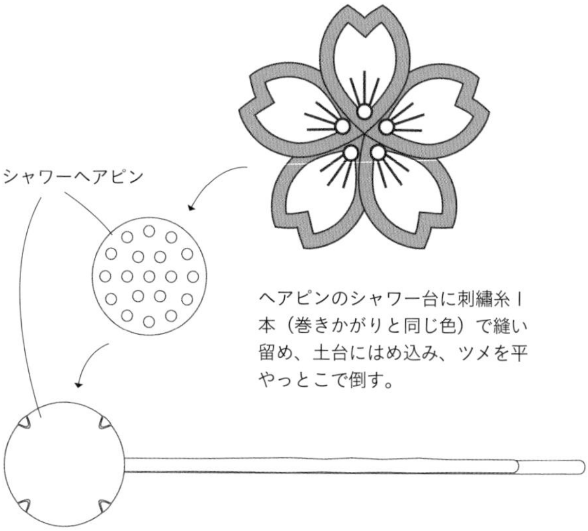

〈 ヘアピン金具のつけ方 〉

①②③花びらの巻きかがり部分と同じ色の刺繍糸を1本どりで玉留めして使う。裏から表、表から裏に針を動かし、裏でシャワー台の穴に通す。④⑤複数の穴をいったりきたりしながら縫い留める。⑥⑦⑧裏の巻きかがり部分で玉留めをし、巻きかがりの中に玉留めを隠す。⑨⑩ヘアピン金具の土台にはめ込み、ツメを平やっとこで倒す。

# D
Photo
page.12-13

## ブライダルベールのイヤリング

●**材料**（1組分）
オーガンジー（白）→2枚重ねて使用
COSMO25番刺繍糸
　ⓐ 1000　ⓑ 552
スワロフスキー・クリスタル#5810（4㎜）…6個
　ⓐ ホワイト　ⓑ ラベンダー
丸小ビーズ（クリア）…8個
丸小ビーズ（クリアマット）…10個
合皮（薄手）…少々
イヤリング金具（ネジバネ丸皿／4㎜／ゴールド）…1組

●**作り方**
①オーガンジーに図案を写し、2枚重ねて輪郭を巻きかがり **I**（→p50-51）で刺繍する。6枚作る。
②花びらの内側をランニングSで刺繍する。オーガンジーの上1枚をすくってステッチし、モチーフの裏に刺繍糸が出ないようにする。
③アイロンをかけ、巻きかがりの部分にほつれ止め液を塗る。乾いたら切り取る。
④花びらを1枚ずつ重ね、刺繍糸1本（巻きかがりと同じ色）で縫い留める。3枚縫い留めたら、モチーフの裏側で玉留めする。
⑤刺繍糸1本（巻きかがりと同じ色）で、ビーズをバランスを見ながら1個ずつ縫いつけ、モチーフの裏側で玉留めする。
⑥丸く切った合皮を接着剤でイヤリング金具の皿に貼り、そこに❺を貼りつける。

〈 実物大図案 〉

×6枚

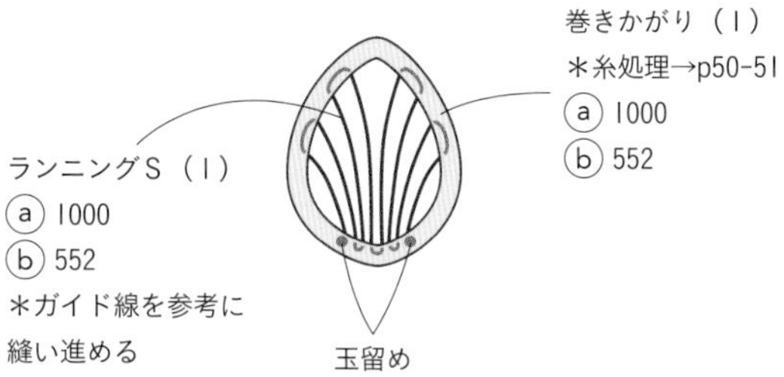


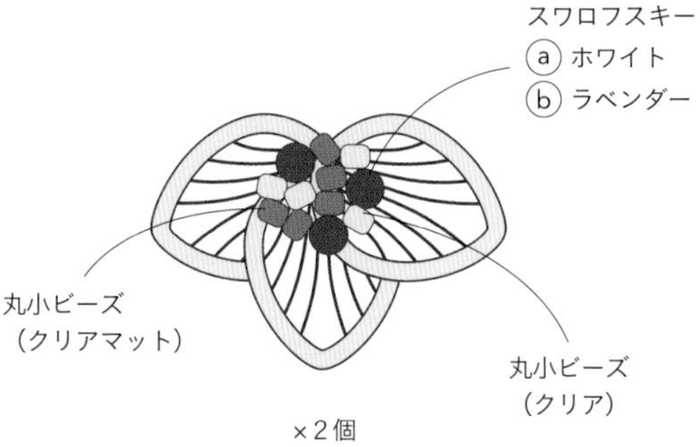


×2個

裏面にイヤリング金具を
取りつける

## 〈 イヤリング金具のつけ方 〉

①

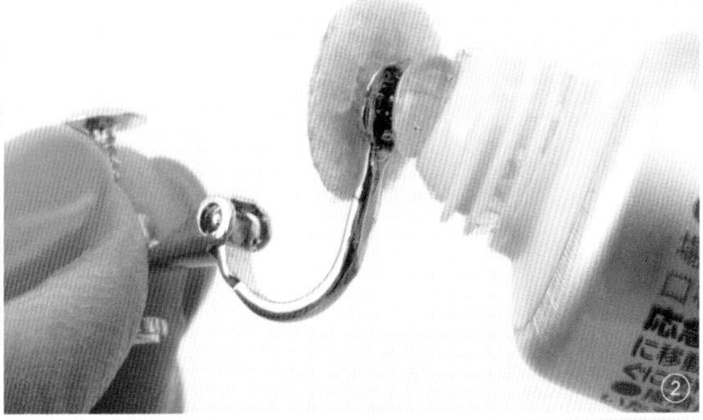

②

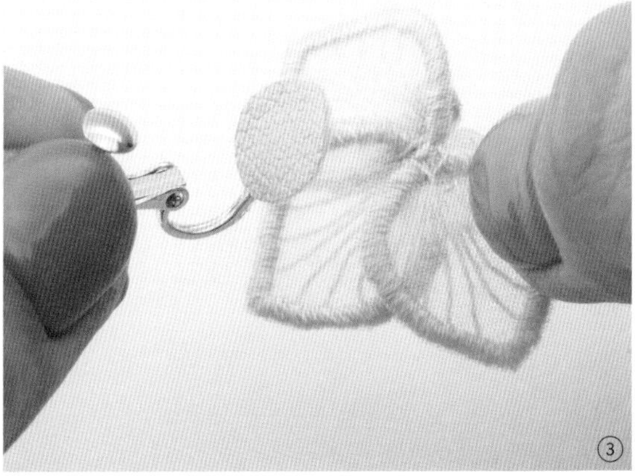

③

④

⑤

①イヤリング金具の丸皿の内側に多用途接着剤を塗り、丸くカットした合皮の裏面を貼る。②③丸皿の表側と合皮の裏面に多用途接着剤を塗り、刺繍パーツと貼り合わせる。④⑤接着剤が乾いたら完成。

# – E

Photo
page.12-13

## 芥子の花のネックレス

**●材料**（1点分）
オーガンジー（白）→2枚重ねて使用
COSMO25番刺繍糸　1000
シルキーパール（2㎜／ホワイト）…55個
Dカン（1.4×8.3×7.4㎜／ゴールド）…2個
メタリックコード（2㎜／ライトピンク）…115㎝

**●作り方**
①オーガンジーに図案を写し、2枚重ねて輪郭を巻きかがり **I**（→p50-51）で刺繍する。20枚作る。
②花びらの内側をランニングSで刺繍する。オーガンジーの上1枚をすくってステッチし、モチーフの裏に刺繍糸が出ないようにする。
③アイロンをかけ、巻きかがりの部分にほつれ止め液を塗る。乾いたら切り取る。
④花びらを1枚ずつ重ね、刺繍糸1本（巻きかがりと同じ色）で縫い留める（→p48-49参照）。4枚縫い留めた花を5つ作る。
⑤中心にビーズ用の針でパールを1個ずつ縫いつける（1つの花に11個）。
⑥下図を参考に、花を5つ縫いつなげる。刺繍糸1本（巻きかがりと同じ色）でコの字まつりし、玉留めする。玉留めは巻きかがりの部分に隠す。
⑦刺繍糸1本（巻きかがりと同じ色）で、両端にDカンを縫いつける。
⑧Dカンにメタリックコードを通し、図のように結ぶ。

〈 実物大図案 〉

×20枚

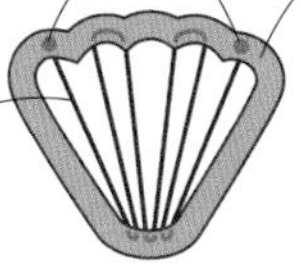

×5つ

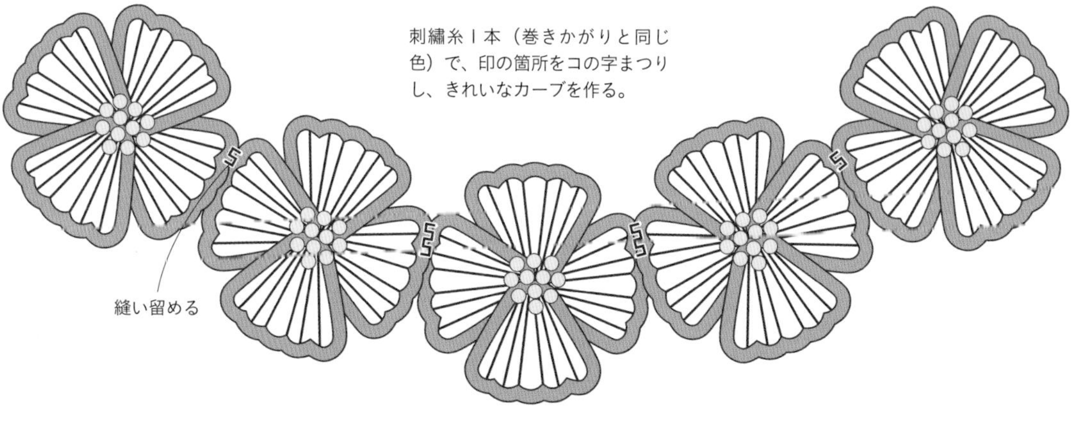

## 〈 Dカンの縫いつけ方 〉

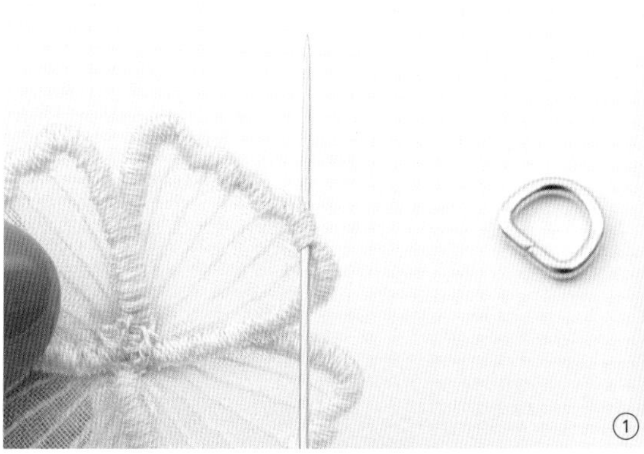

①花びらの巻きかがり部分と同じ色の刺繍糸を1本どりで玉留めして使う。Dカンを縫いつける位置の巻きかがりに裏から針を通す。玉留めは巻きかがりの中に隠す。②Dカンを通して、巻きかがりに針を入れる。③④繰り返し、端まで縫い留める。⑤最後は玉留めし、巻きかがりに針を通して、糸処理をする。⑥⑦Dカンを縫いつけたところ。

## 〈 コードの結び方 〉

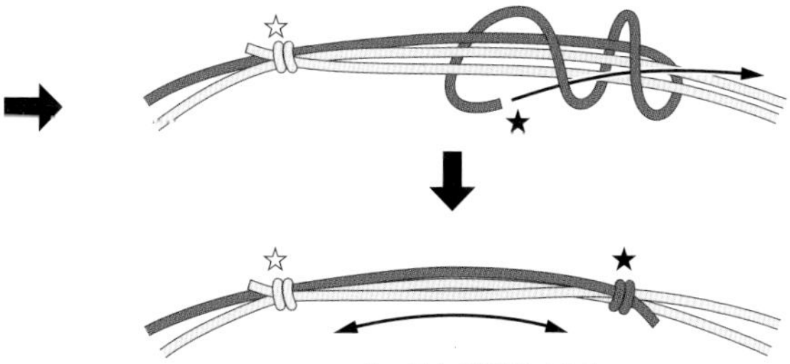

# F

Photo
page.14-15

## リーフとパールのイヤリング

**●材料**（1組分）
オーガンジー（白）→2枚重ねて使用
COSMO25番刺繍糸
ⓐ 553　ⓑ 534A
淡水パール・ポテト（4㎜／ホワイト）…40個
ノンホールピアス樹脂フープ（30㎜／クリア）
…1組

**●作り方**
①オーガンジーに図案を写し、2枚重ねて輪郭を巻きかがり **I**（→p50-51）で刺繍する。8枚作る。
②花びらの内側をランニングS→ストレートSの順に刺繍する。オーガンジーの上1枚をすくってステッチし、モチーフの裏に刺繍糸が出ないようにする。
③アイロンをかけ、巻きかがりの部分にほつれ止め液を塗る。乾いたら切り取る。
④図を参考に、ノンホールピアス樹脂フープに淡水パールと一緒に通す。
⑤接着剤をフープの先に塗り、ピアスにはめ込む。

〈 実物大図案 〉

×8枚

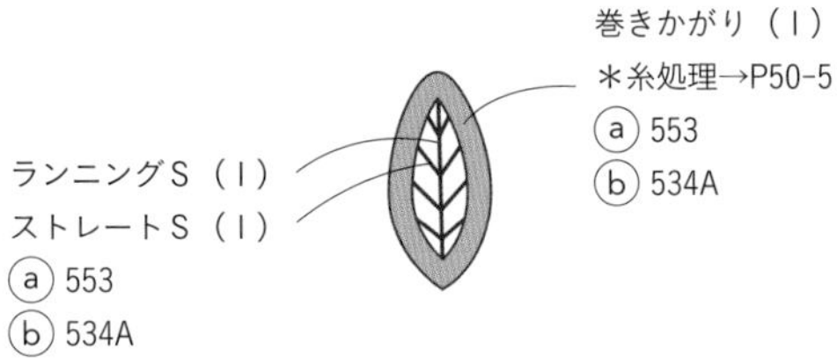

×2個

## 〈 ピアスフープの使い方 〉

①

②

③

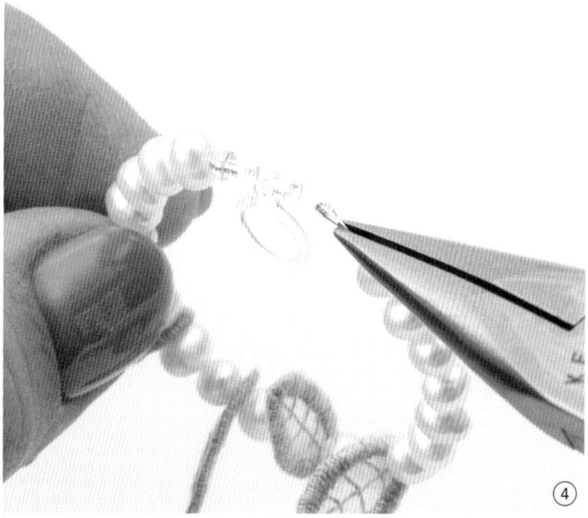
④

⑤

①〜③ノンホールピアス樹脂フープに、図の指定通りにパールと刺繍パーツを通す。④フープの先端に多用途接着剤を塗り、平やっとこでフープを挟んでピアスに挿し込み、接着する。⑤接着剤が乾いたら完成。

## G
Photo
page.16

# ひまわりブローチ

**●材料**（1点分）
オーガンジー（白）→2枚重ねて使用
COSMO25番刺繍糸　2009、2307
シャワーブローチ（20㎜／ゴールド）…1個

**●作り方**
①オーガンジーに図案を写し、2枚重ねて輪郭を巻きかがり **I**（→p50-51）で刺繍する。16枚作る。
②花びらの内側をランニングSで刺繍する。オーガンジーの上1枚をすくってステッチし、モチーフの裏に刺繍糸が出ないようにする。
③アイロンをかけ、巻きかがりの部分にほつれ止め液を塗る。乾いたら切り取る。
④刺繍糸1本（巻きかがりと同じ色）で、花びら8枚を縫いつなぐ（→p48-49参照）。ただし、中心部分は花びらを上下に重ねずに、隣り合わせにするようにして縫う。残りの8枚は先に縫った8枚の花びらの隙間から見えるように、1枚ずつ縫いつける。
⑤花の中心部分をフレンチノットSで埋める。綺麗な円になるように形を整える。
⑥ブローチのシャワー台に刺繍糸1本（中心のフレンチノットSと同じ色）で縫い留め、土台にはめ込み、ツメを平やっとこで倒す。

〈 実物大図案 〉

×16枚

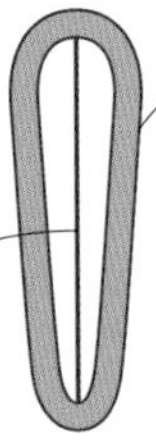

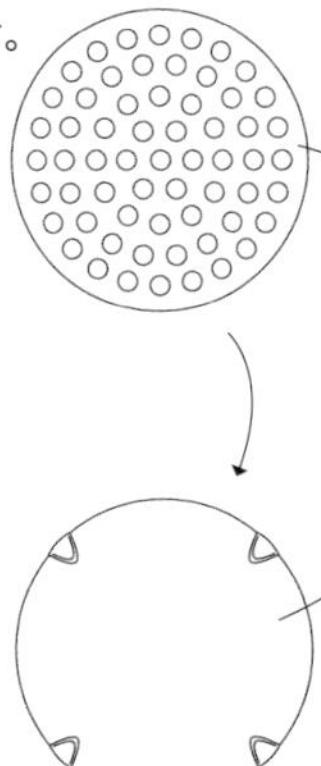

# H Photo page.17

## アネモネブローチ

**●材料**（1個分）
オーガンジー →2枚重ねて使用
ⓐピンク ⓑイエロー
ⓒ白
COSMO25番刺繍糸
ⓐ101、341、3651 ⓑ171A、297、682
ⓒ110、364、683
シャワーブローチ（20㎜／ゴールド）…1個

**●作り方**
①オーガンジーに図案を写し、2枚重ねて輪郭を巻きかがり **I**（→p50-51）で刺繍する。14枚作る。
②花びらの内側をランニングSで刺繍する。オーガンジーの上1枚をすくってステッチし、モチーフの裏に刺繍糸が出ないようにする。
③アイロンをかけ、巻きかがりの部分にほつれ止め液を塗る。乾いたら切り取る。
④刺繍糸1本（巻きかがりと同じ色）で、花びら7枚の重なりが均等になるように縫い留める（→p48-49参照）。残りの7枚は先に縫った7枚の花びらの隙間から見えるように、1枚ずつ縫いつける。
⑤花の中心部分を、内側→外側の順でフレンチノットSで埋める。フレンチノットSのまわりをスミルナSで囲う。
⑥ブローチのシャワー台に刺繍糸1本（中心のフレンチノットSと同じ色）で縫い留め、土台にはめ込み、ツメを平やっとこで倒す。

〈実物大図案〉

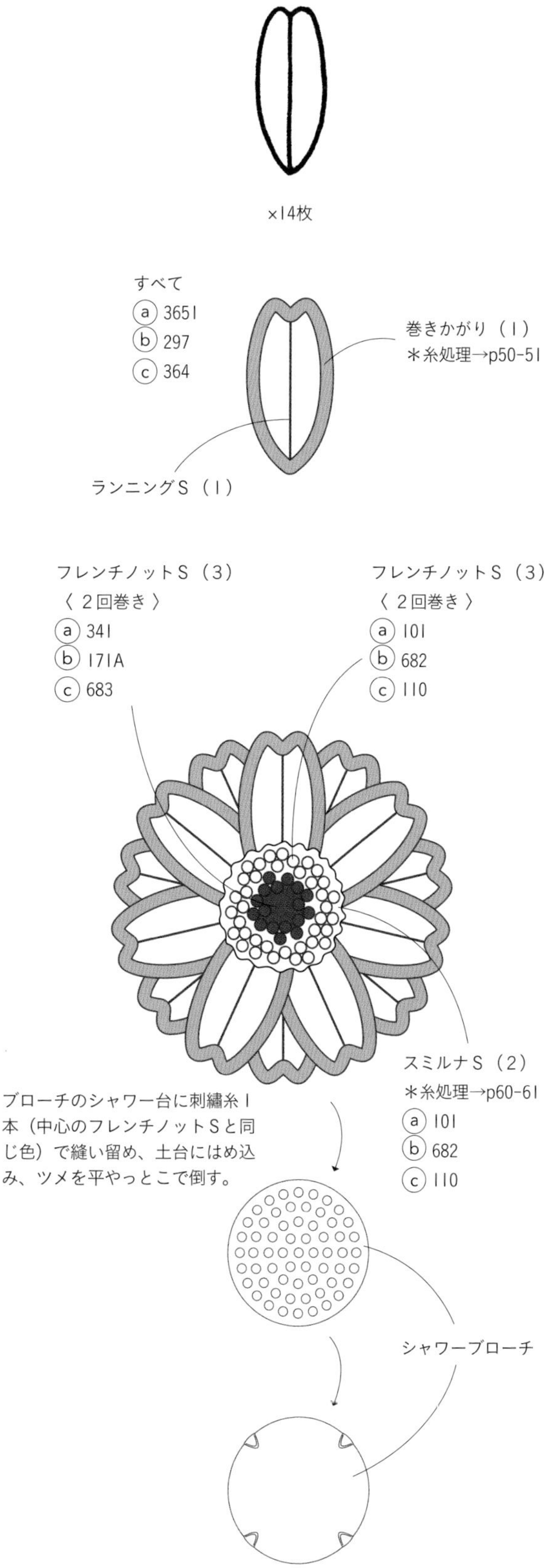

# – I

Photo
page.18-19

## ミモザのつけ衿

●**材料**（1点分）
オーガンジー（白）
→約縦52×横35cm
縦を半分にして、2枚重ねて使用
COSMO25番刺繍糸
110、317、318、771
スプリングホック…1組

●**作り方**
①オーガンジーに図案を写し、ミモザとリーフ柄の部分を刺繍する。このとき、まだオーガンジーは重ねずに1枚のみに刺繍する。
②オーガンジーを2枚重ねて、ずれないようにまち針で留める。外枠をランニングSで仮縫いする。まち針をはずし、巻きかがり **II**（→p51-52）をする。
③アイロンをかけ、巻きかがりの部分にほつれ止め液を塗る。乾いたら切り取る。
④裏にスプリングホックを縫いつける。

〈 実物大図案 〉

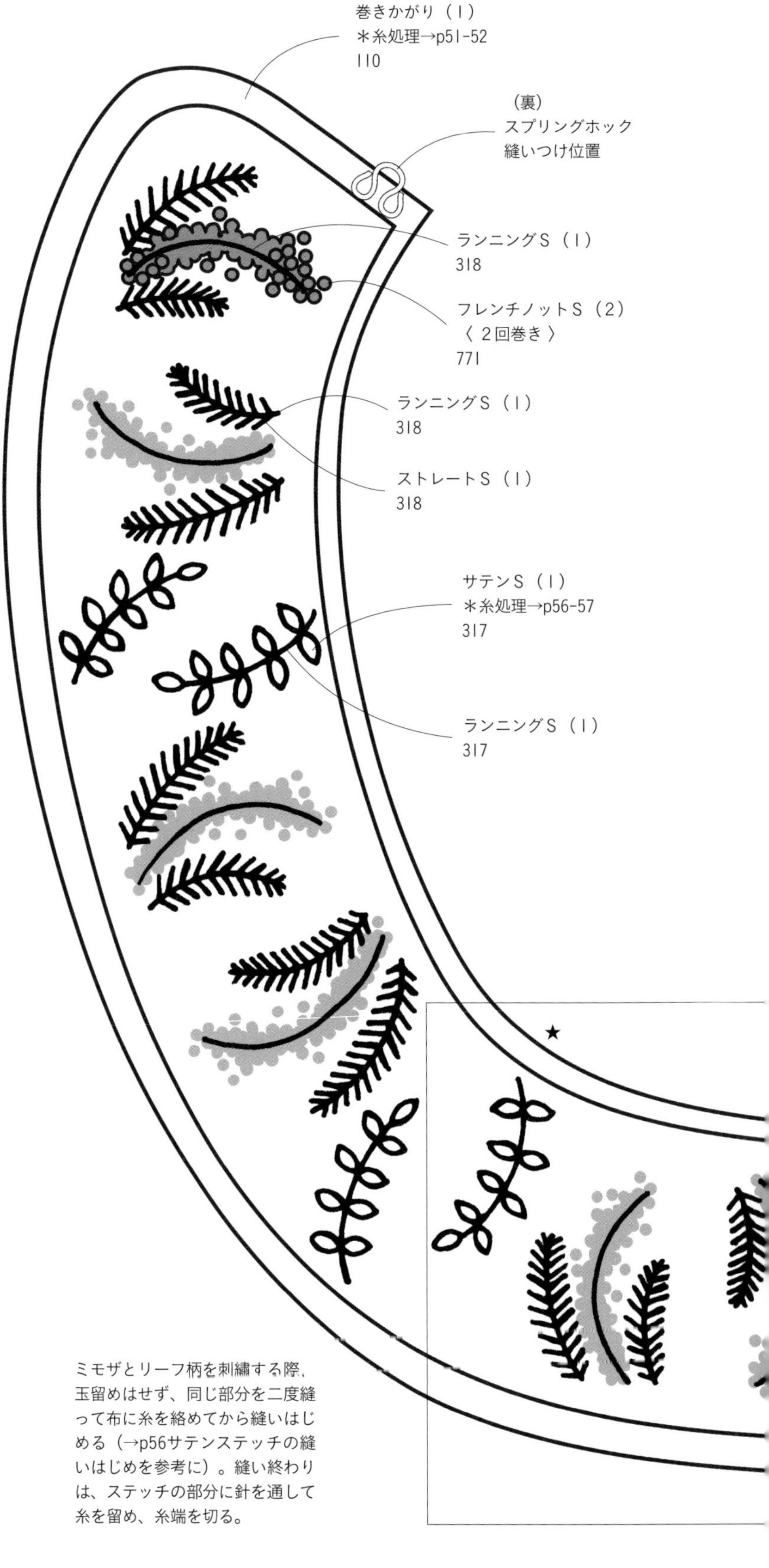


ミモザとリーフ柄を刺繍する際、玉留めはせず、同じ部分を二度縫って布に糸を絡めてから縫いはじめる（→p56サテンステッチの縫いはじめを参考に）。縫い終わりは、ステッチの部分に針を通して糸を留め、糸端を切る。

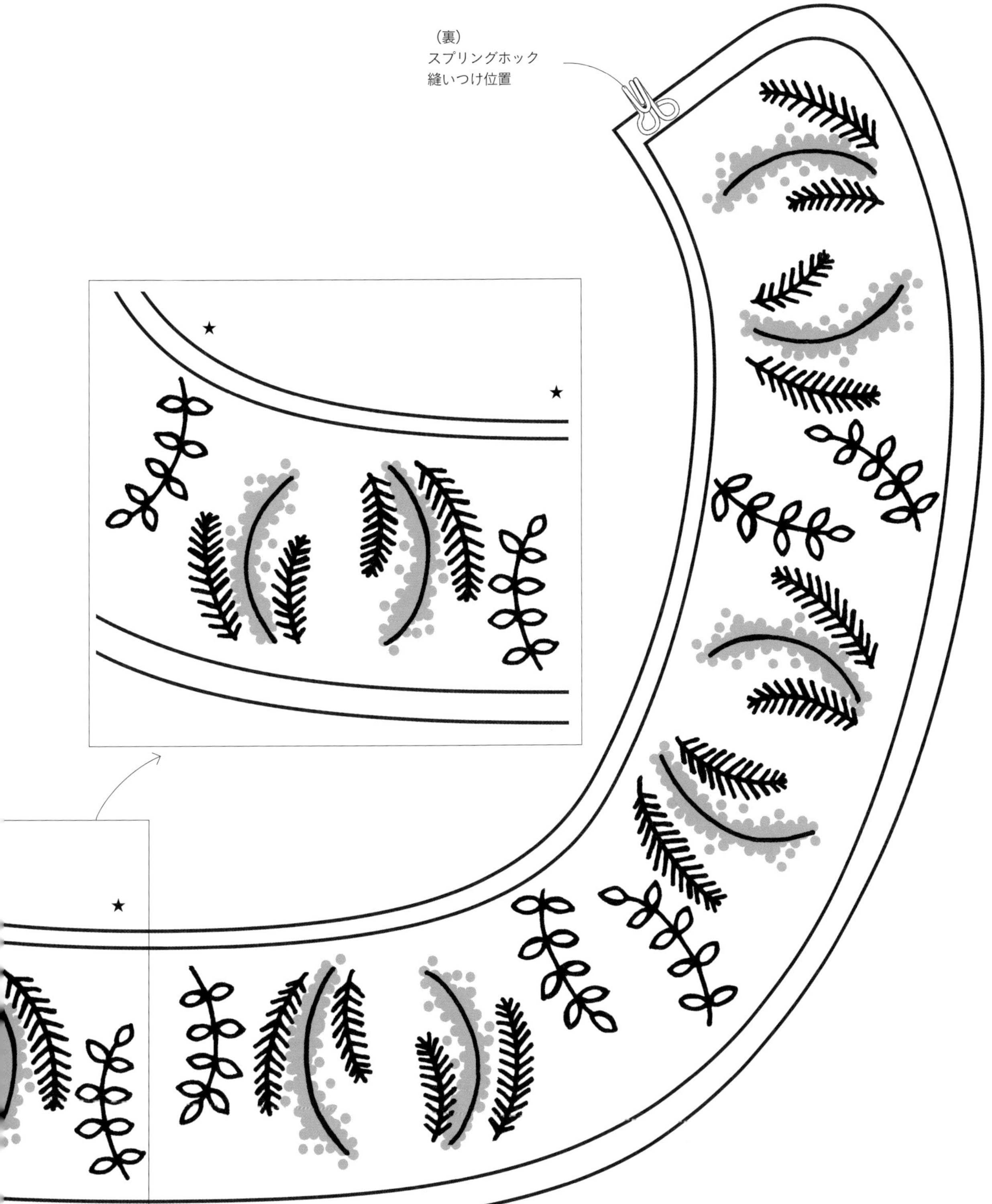
（裏）
スプリングホック
縫いつけ位置

-J Photo page.20-21

# リーフのラウンドつけ衿

**●材料**（1点分）
オーガンジー（白）
→約縦52×横35cm
縦を半分にして、2枚重ねて使用
COSMO25番刺繍糸　2500
コットンパール丸玉（10mm／ホワイト）…1個

**●作り方**
①オーガンジーに図案を写し、リーフ柄の部分を刺繍する。このとき、まだオーガンジーは重ねずに1枚のみに刺繍する。
②オーガンジーを2枚重ねて、ずれないようにまち針で留める。外枠をランニングSで仮縫いする（◎の部分は外側の半円のみ仮縫い）。まち針をはずし、巻きかがりII（→p51-52）と巻きかがりIII（→p53）をする。
③ボタンホールの図案に沿って巻きかがりI（→p50-51）をしたあと、真ん中に切り込みを入れる。
④アイロンをかけ、巻きかがりの部分にほつれ止め液を塗る。乾いたら切り取る。
⑤右図の位置にコットンパールを縫いつける。

〈 実物大図案 〉
＊すべて1本どり
2500

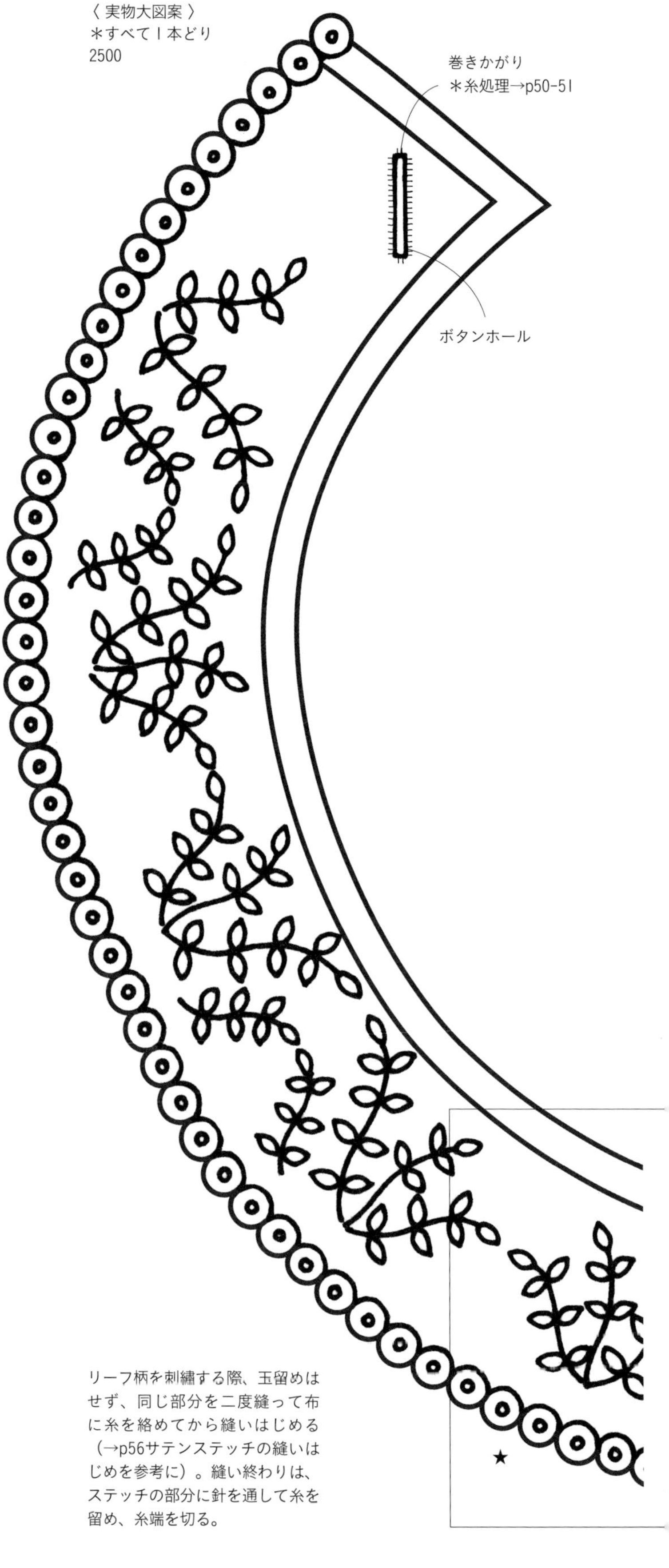


リーフ柄を刺繍する際、玉留めはせず、同じ部分を二度縫って布に糸を絡めてから縫いはじめる（→p56サテンステッチの縫いはじめを参考に）。縫い終わりは、ステッチの部分に針を通して糸を留め、糸端を切る。

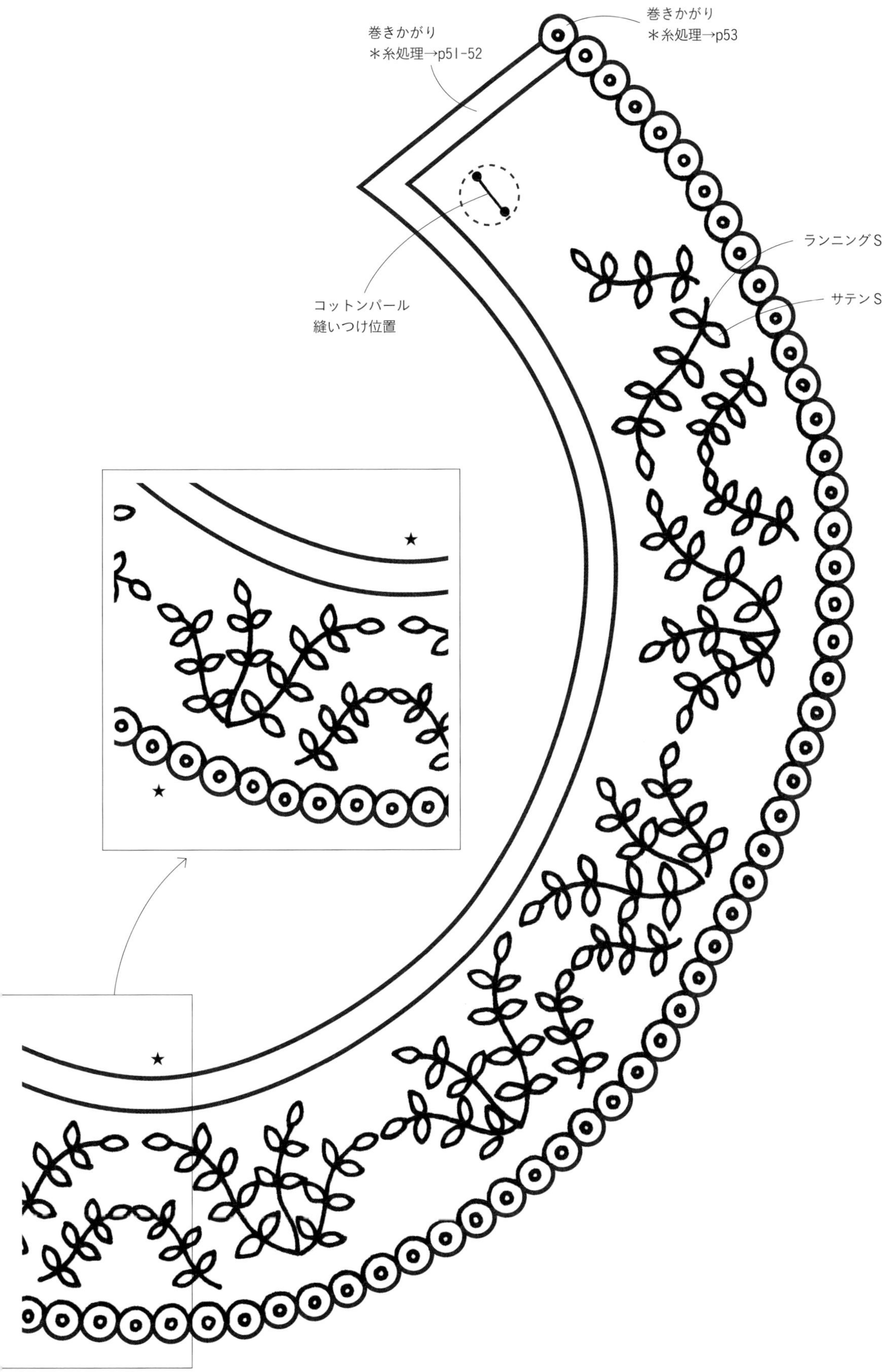
巻きかがり
＊糸処理→p51-52
巻きかがり
＊糸処理→p53
コットンパール
縫いつけ位置
ランニングS
サテンS

# L

Photo
page.23

## 露草のヘアコーム

〈 実物大図案 〉

×9枚

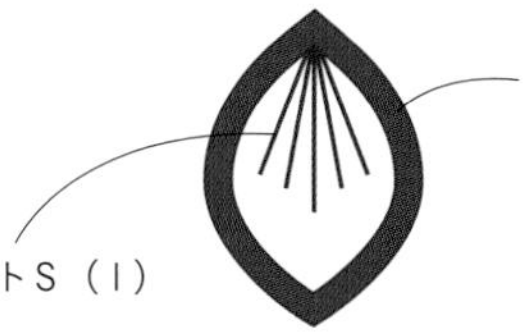


×3枚

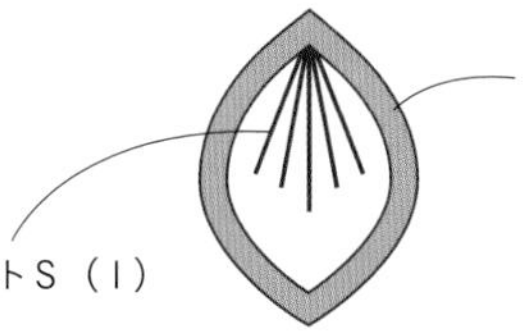


×6枚

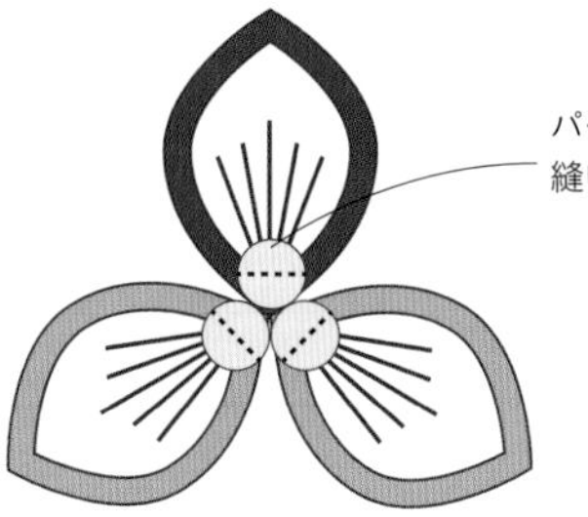


×3つ

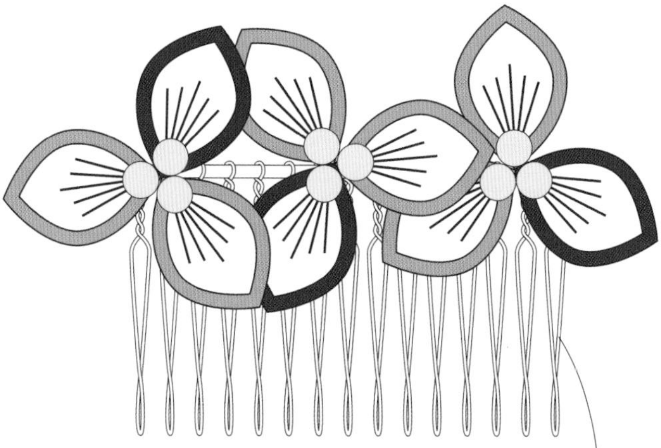


**●材料**（1点分）
オーガンジー（白）→2枚重ねて使用
COSMO25番刺繍糸　551、553、554
シャイニーパール（4㎜／クリーム）…9個
アーティスティックワイヤー#32（0.2㎜／ゴールド）…約30〜40㎝
ヘアコーム金具（15山／ゴールド）…1個

**●作り方**
①オーガンジーに図案を写し、2枚重ねて輪郭を巻きかがり **I**（→p50-51）で刺繍する。
②花びらの内側をストレートSで刺繍する。オーガンジーの上1枚をすくってステッチし、モチーフの裏に刺繍糸が出ないようにする。
③アイロンをかけ、巻きかがりの部分にほつれ止め液を塗る。乾いたら切り取る。
④花びら3枚を、重ならないように、刺繍糸1本（551/薄い紫）で中心部分を縫いつなぐ。3つ作る。
⑤刺繍糸1本（551/薄い紫）で、それぞれの花の中心にパールを3個ずつ縫いつける。
⑥3つの花をワイヤーでコームにつける。ワイヤーが長くて扱いにくければ、3等分して使ってもよい。

## 〈 ヘアコームへの取りつけ方 〉

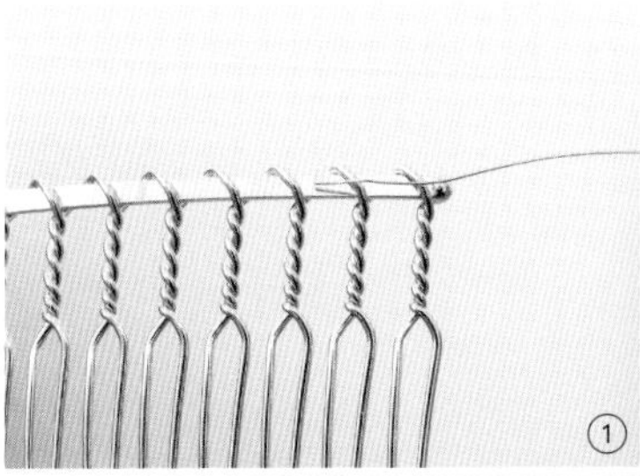

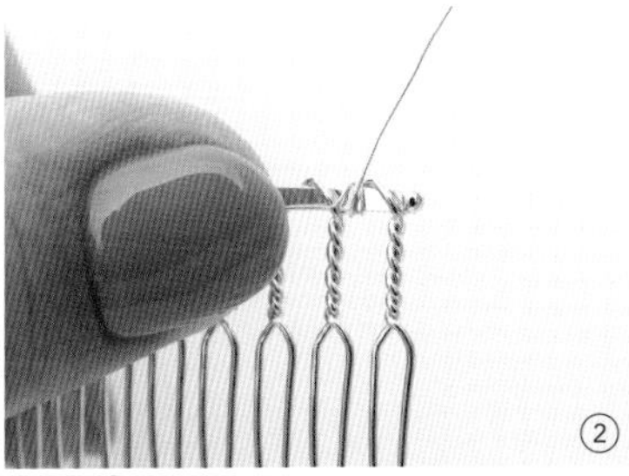

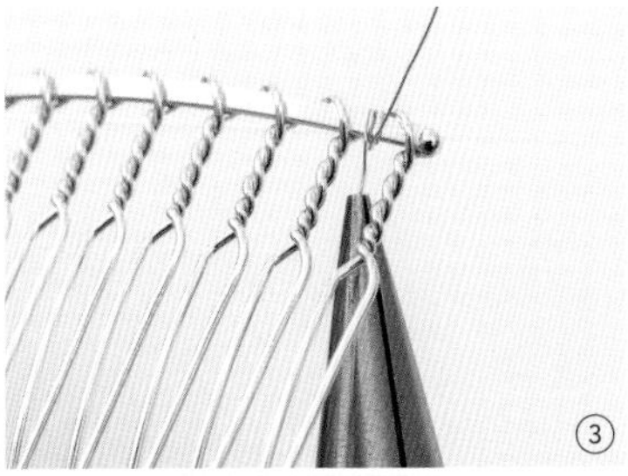

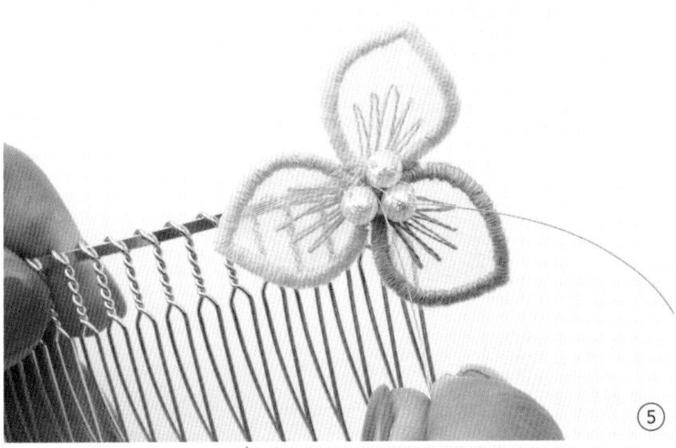

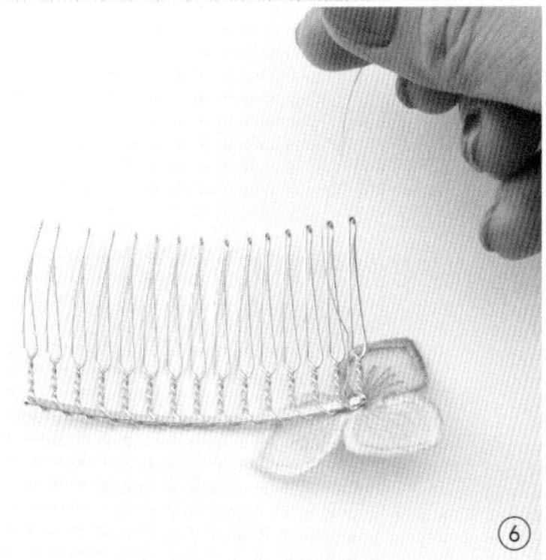

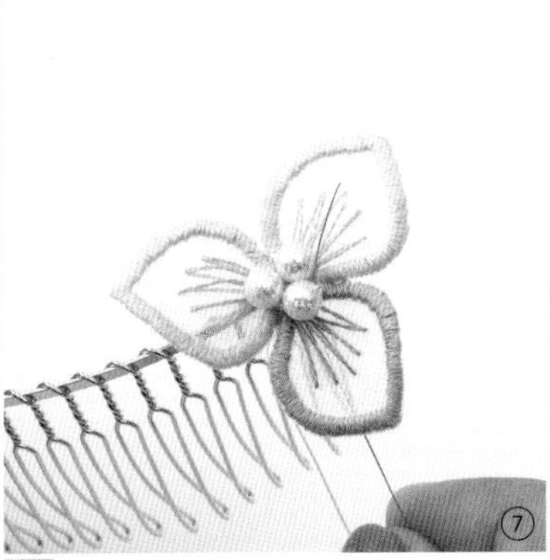

①②アーティスティックワイヤーをコームの端２〜３山分に重ねてあて、ぐるぐると巻いて留める。③先端は平やっとこできれいに巻きつける。④⑤刺繍パーツの裏から中央にワイヤーを通して出し、そのワイヤーを表から裏に戻す。⑥裏でコームに巻きつける。⑦再び、ワイヤーを裏から表に出し、③④を繰り返す。⑧コームにワイヤーを巻きつけて次の花の位置まで進む。⑨⑩２つ目の花の中央に、裏からワイヤーを通し、１つ目と同様にコームに留める。３つ取りつけたら完成。

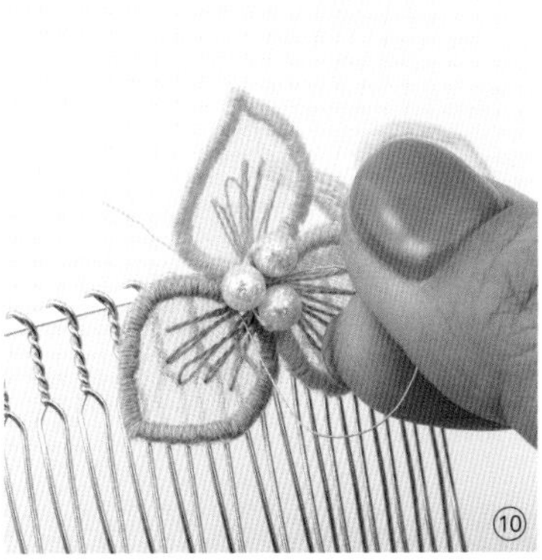

# K Photo page.22

## リリーのスパンコールイヤリング

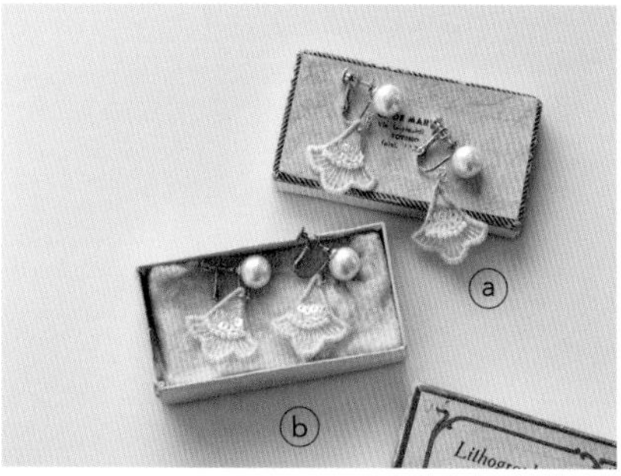


**●材料**（１組分）
オーガンジー（白）→２枚重ねて使用
COSMO25番刺繡糸
　ⓐ 151、317　ⓑ 151、552
丸小ビーズ（ホワイト）…16個
スパンコール（亀甲３㎜／オーロラ）…20個
コットンパール（片穴10㎜／ホワイト）…２個
丸カン（0.8㎜×５㎜／ゴールド）…２個
丸カン（0.7㎜×3.5㎜／ゴールド）…２個
イヤリング金具（ネジバネ・芯立カン付き／ゴールド）…１組

**●作り方**
①オーガンジーに図案を写し、２枚重ねて輪郭を巻きかがり **I**（→p50-51）で刺繡する。
②花の内側をランニングＳで刺繡する。オーガンジーの上１枚をすくってステッチし、モチーフの裏に刺繡糸が出ないようにする。
③ビーズ用の針を使い、刺繡糸１本（巻きかがりの下の部分と同じ色）で丸小ビーズを１個ずつ縫いつける（→p63-64）。
④ビーズ用の針を使い、刺繡糸１本（巻きかがりの上の部分と同じ色）でスパンコールを２列に縫いつける（→p64-65）。
⑤アイロンをかけ、巻きかがりの部分にほつれ止め液を塗る。乾いたら切り取る。
⑥❶〜❺と同様にもう１個作る。
⑦イヤリング金具に接着剤でコットンパールをつける。
⑧つまようじで花の上先端に、丸カンを通す穴をあける。やっとこで丸カンを通し、ピアス金具をつなげる。

〈 実物大図案 〉

２枚

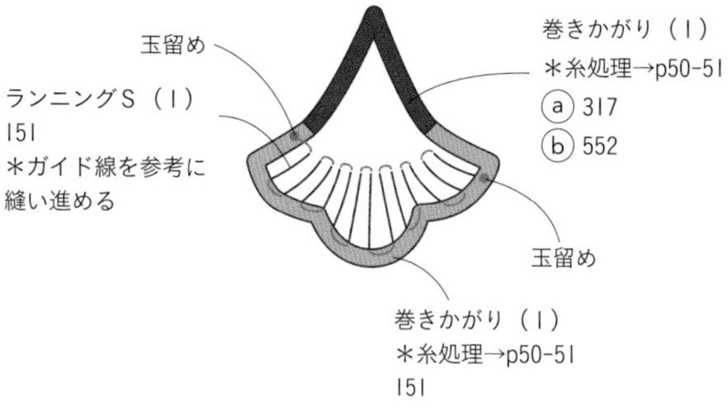


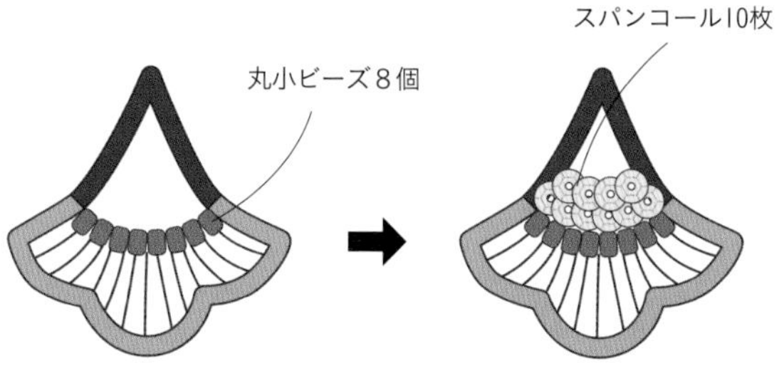


刺繡パーツに
丸小ビーズを縫いつける

次にスパンコールを
２列縫いつける

ビーズとスパンコールを縫いつける際、玉留めをして玉留めを巻きかがりの部分に隠す。

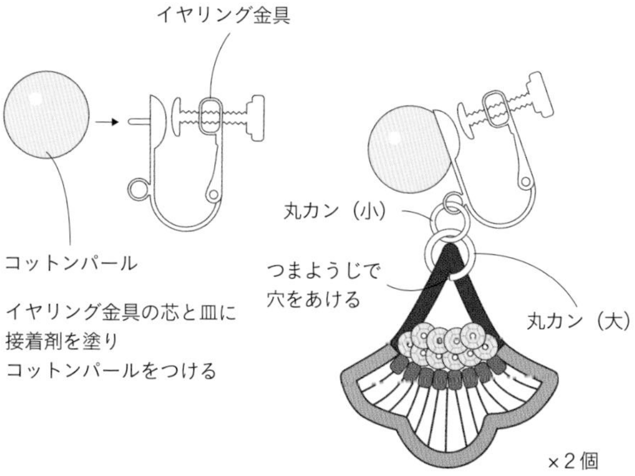


イヤリング金具の芯と皿に
接着剤を塗り
コットンパールをつける

刺繡パーツと
イヤリングパーツをつなぐ

# M

Photo
page.24

## クリスマスローズのブローチ

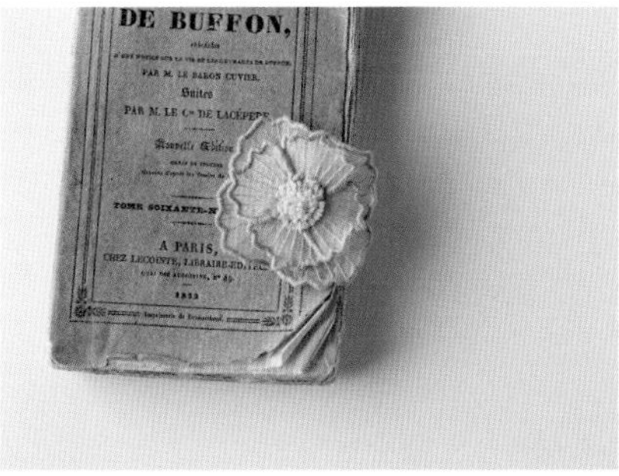

**●材料**（1点分）
オーガンジー（白）→2枚重ねて使用
COSMO25番刺繍糸　140、553、2004
シャワーブローチ（20mm／ゴールド）…1個

**●作り方**
①オーガンジーに図案を写し、2枚重ねて輪郭を巻きかがり **I**（→p50-51）で刺繍する。
②花の内側をランニングSで刺繍する。オーガンジーの上1枚をすくってステッチし、モチーフの裏に刺繍糸が出ないようにする。
③アイロンをかけ、巻きかがりの部分にほつれ止め液を塗る。乾いたら切り取る。
④それぞれの大きさの花びら4枚を少し重ねて縫いつなぐ（→p48-49参照）。大きい花びら4枚の上に、小さい花びら4枚を載せ、刺繍糸1本（巻きかがりと同じ色）で中心を縫い留める。
⑤花の中心部分をフレンチノットSで埋める。綺麗な円になるように形を整える。フレンチノットSのまわりをスミルナSで囲う。
⑥ブローチのシャワー台に刺繍糸1本（フレンチノットSと同じ色）で縫い留め、土台にはめ込み、平やっとこでツメを倒す。

〈 実物大図案 〉

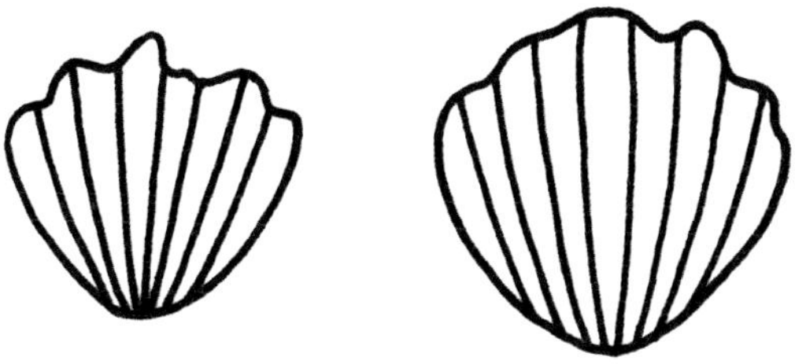

×4枚　　×4枚

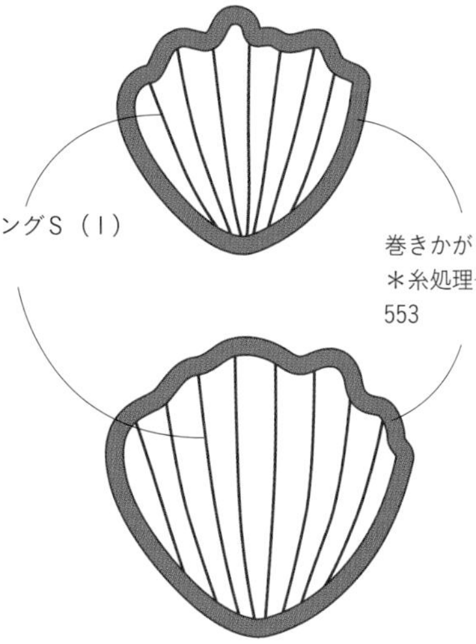


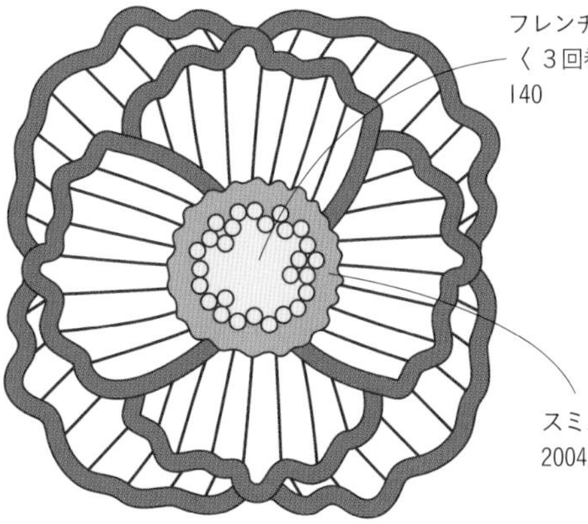


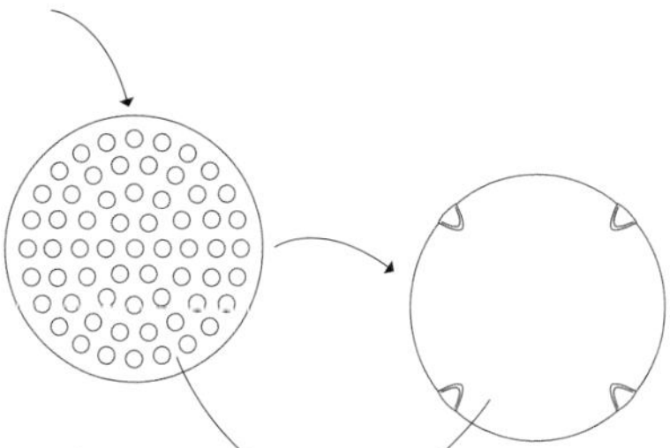

## N

Photo
page.25

# 勿忘草のブレスレット

**●材料**（1点分）

オーガンジー（白）→２枚重ねて使用
COSMO25番刺繍糸　525、702、2500
丸カン（0.8×５㎜／ゴールド）…９個
ヒキワ・板ダルマセット（ゴールド）…１セット
Ｃカン（0.6×３×４㎜／ゴールド）…２個

**●作り方**

＊p40-47の基本を参照
①オーガンジーに図案を写し、２枚重ねて輪郭を巻きかがり **I**（→p50-51）で刺繍する。10枚作る。
②花びらの内側を刺繍する。オーガンジーの上１枚をすくってステッチし、モチーフの裏に刺繍糸が出ないようにする。
③アイロンをかけ、巻きかがりの部分にほつれ止め液を塗る。乾いたら切り取る。
④つまようじで花びら２箇所に、カンを通す穴をあける。やっとこで丸カンを通し、モチーフ同士をつなぐ。両端にＣカンでヒキワと板ダルマをつなげる。

〈 実物大図案 〉

×10枚

〈 拡大図案 〉

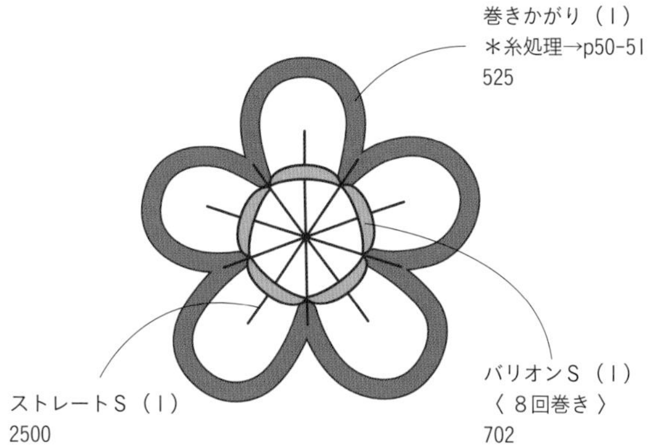


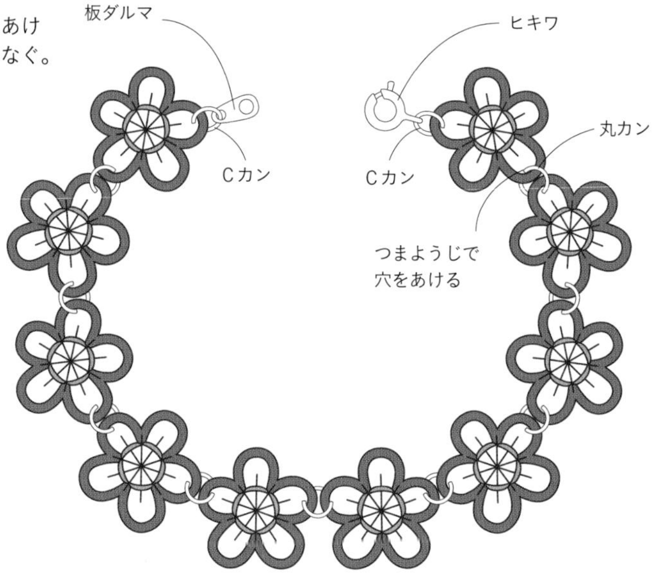

# – O

Photo
page.26-27

Photo page.26-27

## チューリップの片耳イヤリング

〈 実物大図案 〉

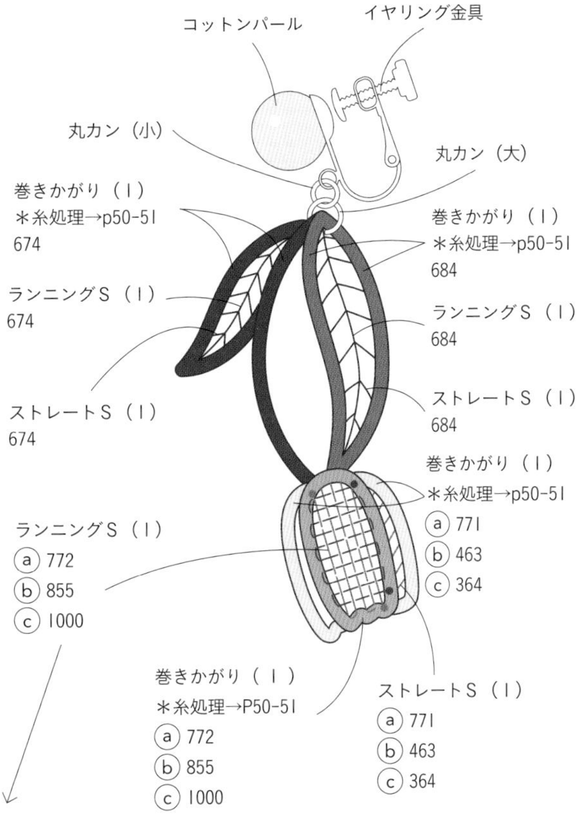


**●材料**（1点分）
オーガンジー（白）→2枚重ねて使用
COSMO25番刺繡糸
ⓐ 674、684、771、772　ⓑ 463、674、684、855
ⓒ 364、674、684、1000
コットンパール（片穴10mm／ホワイト）…1個
丸カン（0.8×5mm／ゴールド）…1個
丸カン（0.7×3.5mm／ゴールド）…1個
イヤリング金具（ネジバネ・芯立カン付き／ゴールド）…1個

**●作り方**
①オーガンジーに図案を写し、2枚重ねて輪郭を巻きかがり **I**（→p50-51）で刺繡する。大きい葉と花が接している箇所が細くなると、切り取りにくくなるため注意する。
②花の内側を刺繡する。オーガンジーの上1枚をすくってステッチし、モチーフの裏に刺繡糸が出ないようにする。
③アイロンをかけ、巻きかがりの部分にほつれ止め液を塗る。乾いたら切り取る。
④イヤリング金具に接着剤でコットンパールをつける。
⑤つまようじで葉の根元（上先端）に、丸カンを通す穴をあける。平やっとこで丸カンを通し、イヤリング金具をつなげる。

葉の根元につまようじで穴をあけて丸カンを通し、刺繡パーツとイヤリング金具をつなぐ。

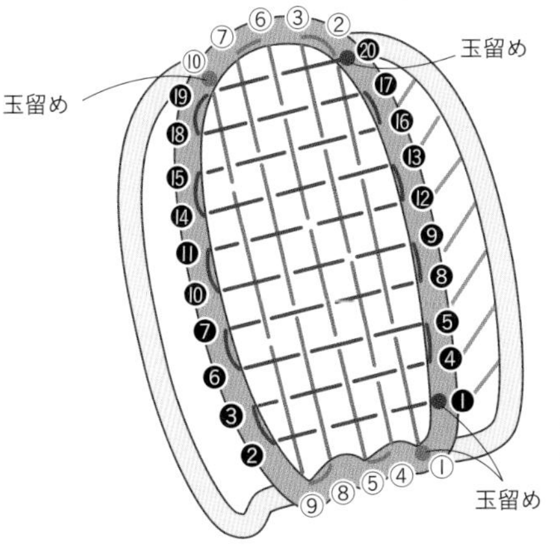


まず、縦のラインをランニングSですべて縫う。やや大きめの糸目で、オーガンジーの上1枚をすくう。次に横の線を縫う。縦糸の上と下を交互に通し、オーガンジーはすくわない。いずれもラインとラインの間の移動の際は、巻きかがりの中を通す。

# P

Photo
page.28-29

## 刺繍枠のタペストリー　ミモザ

**●材料**（1点分）
オーガンジー（白）
COSMO25番刺繍糸
　318、328、364、533A、534A、535、701、774、
　1000、2118
刺繍枠（12cm）…1個
ひも（合皮）…32cm

**●作り方**
①オーガンジーは1枚で使用。オーガンジーに図案を写し、刺繍をする。
②刺繍枠に接着剤を塗り、オーガンジーをはめ込む。ひもを通す。

〈実物大図案〉
＊すべて1本どり

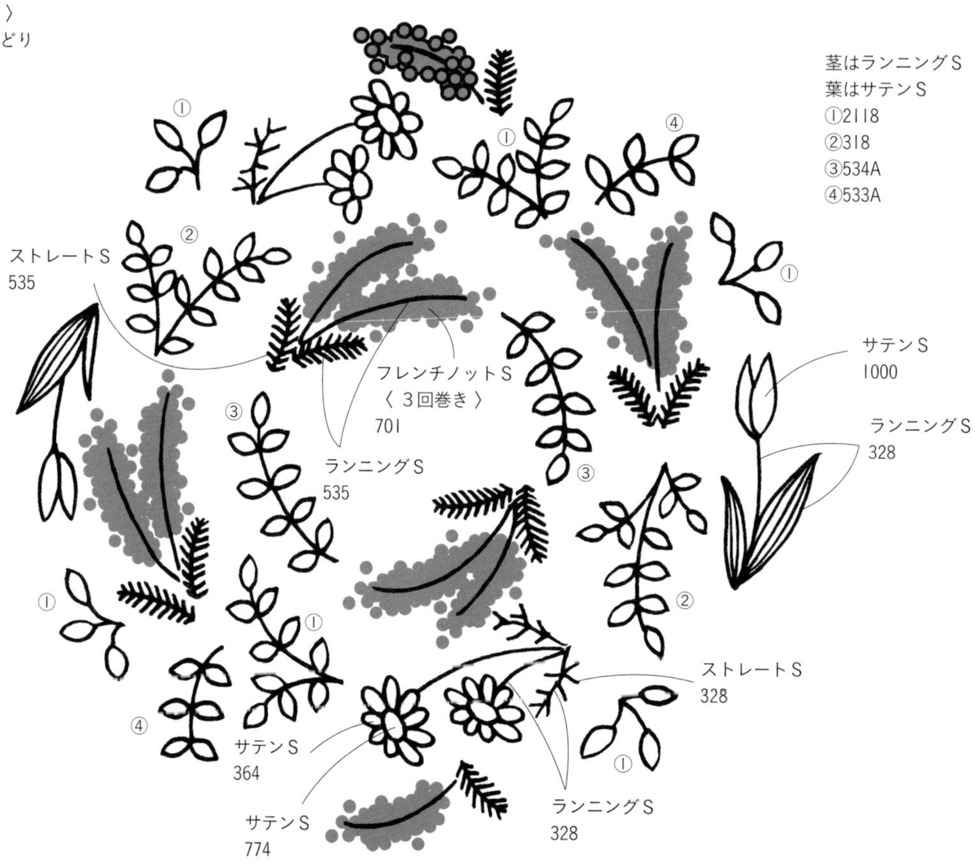

Q Photo page.28-29

# 刺繍枠のタペストリー　紫陽花

**●材料**（1点分）
オーガンジー（白）
COSMO25番刺繍糸
　102、103A、104、172A、282、523、525、553、
　2317、2662
刺繍枠（10cm）…1個
ひも（合皮）…32cm

**●作り方**
①オーガンジーは1枚で使用。オーガンジーに図案を写し、刺繍をする。
②刺繍枠に接着剤を塗り、オーガンジーをはめ込む。ひもを通す。

〈 実物大図案 〉
＊すべて1本どり

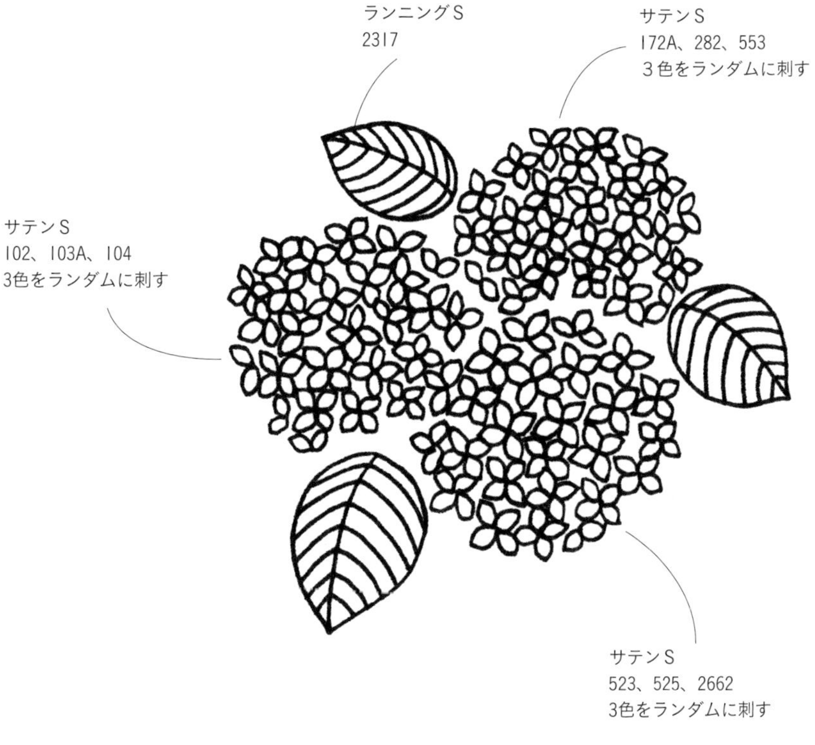

# – R

Photo
page.30

## 刺繍枠のタペストリー　クリスマス

●**材料**（1点分）
オーガンジー（白）
COSMO25番刺繍糸
　110、328、345、346、536、800、925、2006、
　2118、3311
刺繍枠（10cm）…1個
ひも（合皮）…32cm

●**作り方**
①オーガンジーは1枚で使用。オーガンジーに図案を写し、刺繍をする。
②刺繍枠に接着剤を塗り、オーガンジーをはめ込む。ひもを通す。

〈 実物大図案 〉
＊フレンチノットS以外は
すべて1本どり

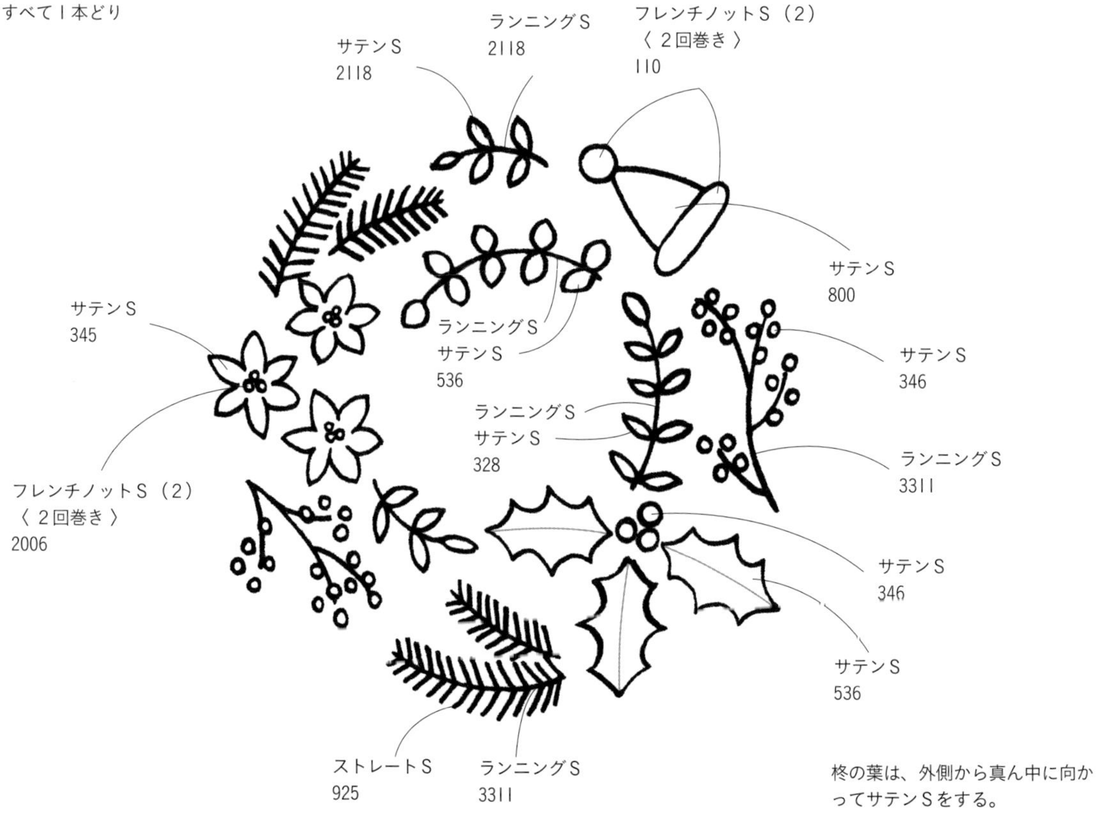

# - S

Photo
page.31

## リーフのホワイトブレスレット

**●材料**（1点分）
オーガンジー（白）→2枚重ねて使用
COSMO25番刺繡糸　110
リボン留め金具（カン付き20㎜／ゴールド）…2個
カニカン・アジャスターセット（ゴールド）…1組
Cカン（0.6×3×4㎜／ゴールド）…3個

**●作り方**
①オーガンジーに図案を写し、リーフ柄の部分を刺繡する。このとき、まだオーガンジーは重ねずに1枚のみに刺繡する。
②オーガンジーを2枚重ねてまち針で留め、外枠をランニングSで仮縫いする（◎の部分は外側の半円のみ仮縫い）。
③まち針をはずし、両端を巻きかがり **I**（→p50-51）で刺繡する。
④◎の部分を巻きかがり **III**（→p53）で刺繡する。
⑤アイロンをかけ、巻きかがりの部分にほつれ止め液を塗る。乾いたら切り取る。
⑥リボン留め金具にカニカンとアジャスターをCカンでつなぎ、❺の両端を平やっとこで挟んで固定する。

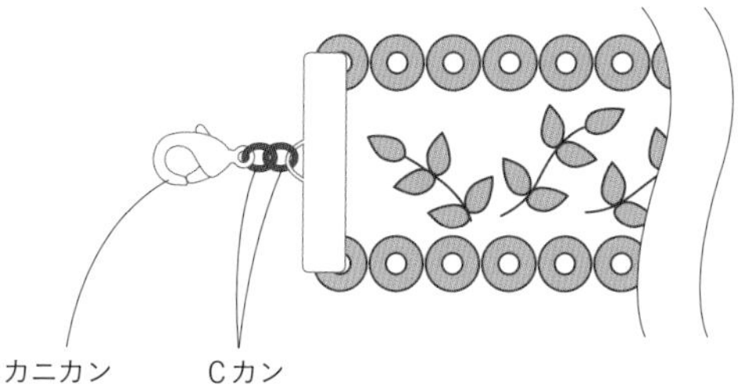


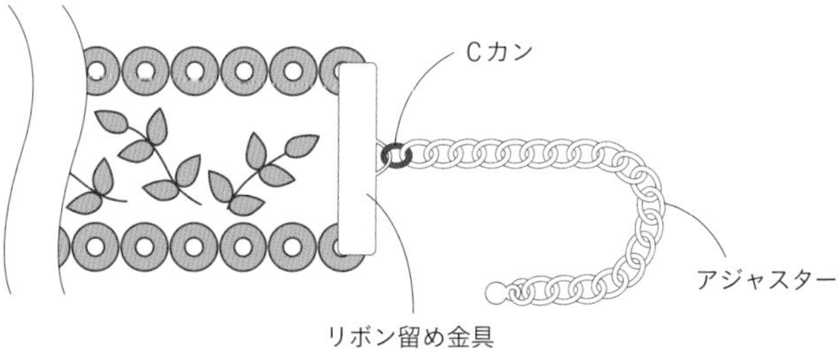


〈実物大図案〉
＊すべて1本どり
110

**ACE** エイス
**natsuki hirose**

東京都出身。共立女子大学家政学部卒。
出産を機に独学で刺繡を始め、やがて独自の手法、
オーガンジー刺繡にて作品を作り始める。
2016年から刺繡作家として創作活動をスタート。
https://aceembroideryn.wixsite.com/aceembroidery/
https://www.instagram.com/__aceemboidery_/

---

この本を手に取ってくださりありがとうございます！
とても素晴らしいご縁をいただき、
大好きで続けていたオーガンジー刺繡を本にしていただくことができました。
たくさんの方とオーガンジー刺繡の魅力を共有できたらとっても嬉しいです。
携わってくださった方々、ご覧いただいた方々、皆さまに心より感謝いたします。

---

オーガンジー刺繡
美しい花モチーフのアクセサリー

2021年1月20日　初版印刷
2021年1月30日　初版発行

著　者　natsuki hirose
発行者　小野寺優
発行所　株式会社河出書房新社
〒151-0051　東京都渋谷区千駄ヶ谷2-32-2
電話　03-3404-1201（営業）
03-3404-8611（編集）
http://www.kawade.co.jp/
印刷・製本　図書印刷株式会社

Printed in Japan
ISBN978-4-309-28861-1



Staff

| | |
|---|---|
| デザイン | 三上祥子（Vaa） |
| 撮影 | 奥川純一（口絵） |
| | わだりか（プロセス） |
| スタイリング | 大島有華 |
| ヘアメイク | 伊荻ユミ |
| モデル | 森園かなえ |
| 作り方イラスト | 渡辺梨里香（Pear Fields） |
| 校正 | 西進社 |
| 編集協力 | 相澤若菜 |

本書の内容に関するお問い合わせは、お手紙かメール（jitsuyou@kawade.co.jp）にて承ります。恐縮ですが、お電話でのお問い合わせはご遠慮くださいますようお願いいたします。